JN062114

第4版

得する年金のもらい方

田中 章二◉著

はじめに

平成二七年一〇月一日に共済年金が厚生年金に統合されました。単純な話のようですが、実は複雑な内容になっています。また、年金額は毎年四月に改定され、令和三年度の年金額は前年度に比べ引き下げになりました。

このように年金制度は常に変化しており、少しでも有利に受給するには、これらの動きに注意し、打てる手があればすべて打つことが大事です。ちょっとしたアクションで受給額に大きな差が出ることも少なくありません。また、年金受給には、繰上げ、繰下げがあり、どのタイミングで受給すればいいのか迷ったり、納付（加入）期間を満たしておらず受給できないとあきらめている方もいるのではないでしょうか。平成二九年八月からは、納付期間等が一〇年あれば年金を受給することができるようになりました（受給資格期間の短縮）。

本書は、そんな迷いやあきらめを解消する方策を満載しています。まずは本書の目次を開き、気になる項目があれば、読んでみてください。

たとえば、国民年金の資格期間が足りなくても、任意加入によって受給できるようになります。知っているかいないかで大幅な違いがでます。また、共済年金の厚生年金への統合によって受給額が減るのではないかと漠然と不安を抱いている公務員の方も少なくないと思いますが、どのように変わるのかを事前に知っておくことで、その不安は解消されるでしょう。さらに、国民年金等の繰上げ受給や繰下げ受給については、具体的な金額も示して損得分岐点を解説していますので、ぜひ参考にしてください。もらい方次第では一五〇％得するケースがあるのです。そのほかにも、定年後に再就職しても老齢厚生年金は必ずもらうことや、失業手当と老齢厚生年金の両方がもらえる方策など、誰も教えてくれなかった受給における落とし穴やお得な情報を満載しています。

今までの年金の本は、公的年金の基礎知識や仕組みを解説するものばかりで、年金の賢い有利なもらい方や不利益を被らない注意点を指南するものはありませんでした。その意味で本書は、これまでにない画期的な内容になっていると確信しています。

本書は、私が年金研究にかけた人生の集大成となるものです。本書を大いに活用し、豊かな生活をお送りいただけるように願っています。

令和三年四月

田中章二

※本書では、主に六〇歳になる方の設定で説明しています。
今年度厚生年金が受給できるのは、男性六三歳、女性六一歳で受給権が発生している方です。

10分でわかる得する年金のもらい方［目次］

序章 年金は令和三年にこう変わった

第1章 老齢年金をもらうには

第2章 65歳からのもらい方で損得がでる

第3章　共済年金は統合でこうなった

第4章 遺族年金の仕組みと得するもらい方

第5章 障害年金の仕組みと得するもらい方

装　丁　園木彩
ＤＴＰ　白石知美（システムタンク）
編　集　よつば編集広告事務所　藤澤享乃

序章――年金は令和三年にこう変わった

公的年金の種類

公的年金は職業によって二つに分かれる

◉年金の土台となるのは「国民年金」

公的年金とは、現役世代の人が高齢になった人を支える「世代間扶助」の精神のうえに成り立っている制度です。広い意味では、個人年金も年金とされますが、大きな柱になるものはやはり公的年金です。平成二七年一〇月に、被用者年金一元化により、共済年金が厚生年金に統合されました。

公的年金は国民年金、厚生年金にほぼ分類されますが、このうち国民年金はすべての年金の土台ともいえるものです。二〇歳以上六〇歳未満の日本国内に住所のある人は、国民年金に加入して保険料を支払います。これを国民年金の「第一号被保険者」といいます。一定の年齢に達する（受給開始年齢）と、その後は生涯にわたって年金を受給します。つまり、二〇歳以降ずっとこの公的年金とつき合うことになります。

これに加えて、職業により年金のパターンが違ってきます。年金の土台が国民年金なのは変わりませんが、この上に一般の企業に勤めているサラリーマン・ＯＬ、公務員等が加入するのが「厚生年金」で、上乗せになります。詳しくは左の図を参照してください。

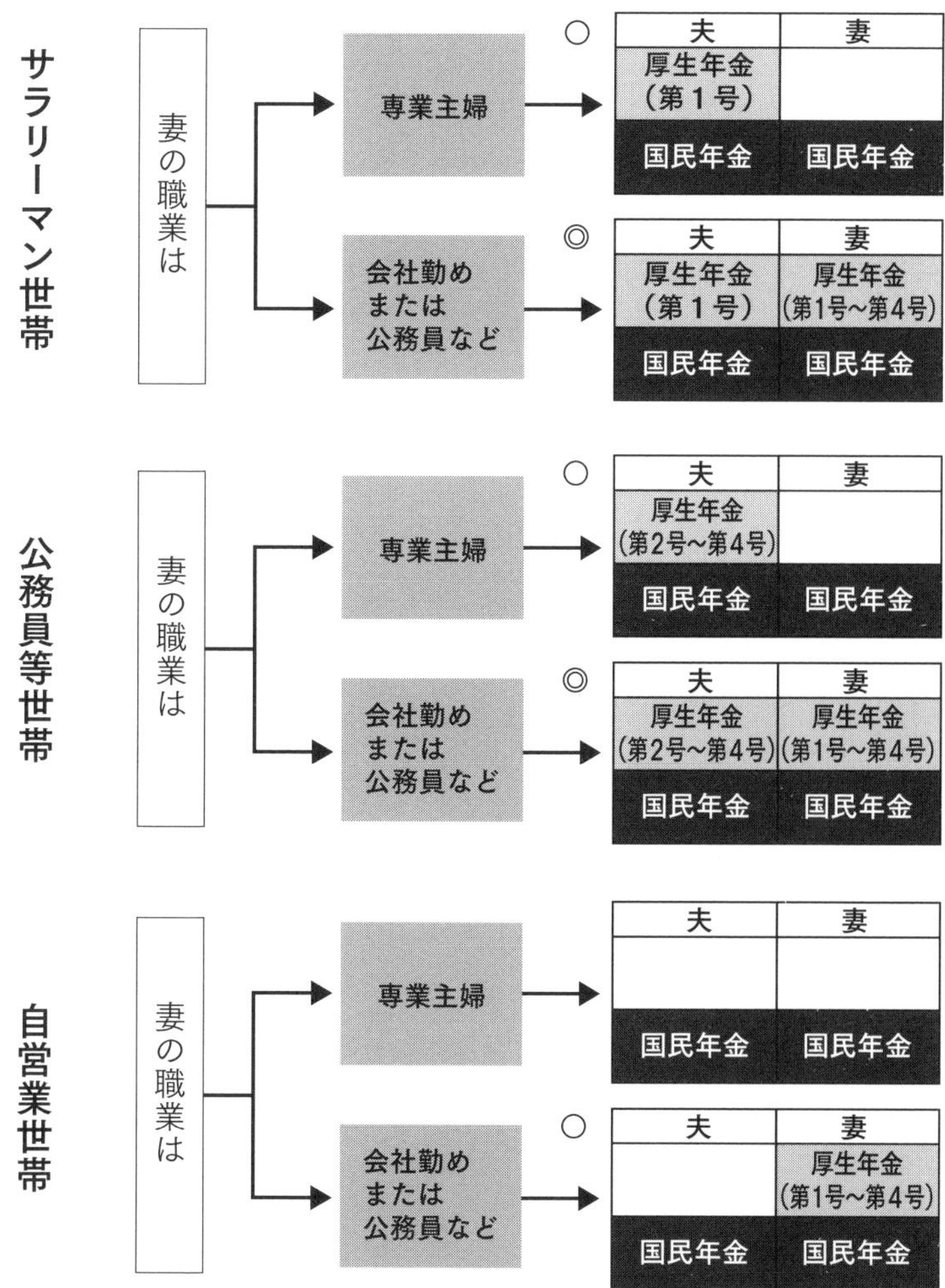

※◎＝非常に有利、○＝有利

厚生年金保険の被保険者は、次の４つの種別に分けられることになりました。

①第１号厚生年金被保険者…一元化法施行前の厚生年金被保険者に該当する者

②第２号厚生年金被保険者…一元化法施行前の国家公務員共済組合の組合員

③第３号厚生年金被保険者…一元化法施行前の地方公務員共済組合の組合員

④第４号厚生年金被保険者…一元化法施行前の私立学校教職員共済制度の加入者

※本書では、便宜的に厚生年金（第１号～第４号）という表現で記載しています。また、厚生年金の説明に関し、「女性」とは、特に記載のない限り、第１号厚生年金被保険者である女性を指します。

年金額

令和三年四月からの年金額は変更になります！

◉年金額は経済状況によって変わる

国民年金は、公的年金の土台となりますが、この年金額は、毎年、微妙な調整が行われています。というのも、たとえば、物価が上がってしまったのにずっと同じ年金額だと、実質的には目減りしてしまうからです。そのため、経済状況に合わせて調整されるのです。では、どのような調整が行われるかというと、次のような仕組みがあります。

まず、賃金変動率です。これは、前年平均の全国消費者物価指数（生鮮食品を含む）を基に算出されます。令和三年の全国消費者物価指数は前年と同水準となり、これを基に算出した賃金変動率はマイナス〇・一％になったため、年金額は〇・一％引下げになりました。

年金額は原則として、これからもらう方は賃金変動、既にもらっている方は物価変動によって毎年度改定される仕組みになっていますが、令和三年四月以降は、支え手である現役世代の負担能力に応じた給付とする観点から、物価が上昇または横ばいで、賃金が低下する場合には、新規・既裁定者ともに、賃金変動によって年金額が改定されるようになります。

令和３年4月からの年金額一覧

〔　〕内は月額換算

	令和２年4月～		令和３年4月～	
〔国民年金〕	円	円	円	円
老齢基礎年金	781,700	〔65,141〕	780,900	〔65,075〕
障害基礎年金（1級）	977,125	〔81,427〕	976,125	〔81,343〕
（2級）	781,700	〔65,141〕	780,900	〔65,075〕
遺族基礎年金（子1人）	1,006,600	〔83,882〕	1,005,600	〔83,800〕
基　本	781,700	〔65,141〕	780,900	〔65,075〕
加　算	224,900	〔18,741〕	224,700	〔18,725〕
3子以降の加算	75,000	〔6,250〕	74,900	〔6,241〕
〔厚生年金保険〕				
標準的な年金額※	2,648,713	〔220,724〕	2,645,958	〔220,496〕
（夫婦2人の老齢基礎年金を含む）				
障害厚生年金（3級、最低保障）	586,300	〔48,858〕	585,700	〔48,808〕
障害手当金（最低保障）	1,172,600		1,171,400	

※平均的な収入〔平均標準報酬（賞与含む月額）43.9万円〕で、40年間就業した場合に受け取り始める年金を本年水準の計算式を用いて算出。
被用者年金一元化により端数処理が変更になったため、基礎年金が満額でない人や厚生年金（第1号～第4号）は年金額が1円単位となっています。

制度変更

令和三年四月からの年金制度はこう変わる

◉年金額は引下げに！　実施された主な項目

①物価が上昇または横ばいで、賃金が低下する場合、新規・既裁定者ともに賃金変動により年金額を改定する新ルールが適用されました。
②新ルール適用により、年金額は〇・一％引き下げになりました。
③マクロ経済スライドによる調整は行われません（賃金や物価による改定率がマイナスの場合は、マクロ経済スライドによる調整は行わないこととされているため）。
④国民年金保険料の変更。保険料改定率〇・九七七。
⑤未婚のひとり親に対する税制上の措置に対応するため、申請全額免除基準に追加。
⑥期間更新に限度のある在留資格の期間上限が五年になること等をふまえ変更。
⑦年金生活者支援給付金の受給者の手続きの簡略化と、給付金の請求漏れの防止のため、所得・世帯情報の調査対象の範囲が受給資格者だけでなく支給要件に該当する可能性のある人にも拡大され、簡易な請求書が送付されるようになります。
⑧雇用保険の限度額等が変更されます。

令和３年4月以降に決定または実施が予定されている法律

[令和3年（2021）年4月1日]

①賃金変動が物価変動を下回る場合でも、賃金変動に合わせて年金額を改定。

②年金額が0.1%引き下げ。物価変動率は0.0%で前年と同水準となり、賃金変動率は0.1%マイナスだったため、賃金変動率で改定される。

③マクロ経済スライドは発動せず。今年度のスライド調整率-0.1%は、翌年度以降に繰り越されます。

④国民年金保険料は16,610円に変更。前年度より70円増となりました。前納制度を利用することで一定額の割引きが受けられます。

⑤申請全額免除基準の対象に未婚のひとり親等を追加。

⑥外国人の脱退一時金の支給上限年数を5年に引き上げ。

[令和3年（2021）年8月1日]

⑦年金生活者支援給付金制度における所得・世帯情報の照会対象者の見直し等。

⑧雇用保険の給付日額等の変更。

[令和4年（2022）年4月1日]

⑨在職定時改定の導入、在職老齢年金制度の見直し。
支給停止の基準額を28万円から47万円に引き上げる。

⑩繰下げ受給の上限年齢を75歳まで引き上げる。

⑪繰上げ受給の減額率を0.5%から0.4%へ縮小。

⑫確定拠出年金の加入可能要件の見直し等。

⑬国民年金手帳の交付を基礎年金番号通知書の送付に切り替え。

⑭年金担保貸付事業等の廃止。

[令和4年（2022）年10月1日]

⑮被用者保険の運用拡大に係る見直し。
企業規模要件を現行の500人超から100人超に拡大。
5人以上の者を使用する個人事業者の適用業種に士業を追加。

ねんきん定期便

一回目はすべての加入歴を記載

◉ねんきん定期便は保存しておこう

ねんきん定期便は、毎年誕生月に送付されるものです。

ただし、これが導入された初年の平成二一年四月からの一年間は、すべての被保険者（国民年金・厚生年金に加入している方）に年金の加入履歴に加えて厚生年金のすべての期間の標準報酬月額、および国民年金のすべての期間の保険料等が記載され送付されました。これは、加入履歴等にモレがないかを、被保険者自身でも細かく確認してもらうためです。そして、万一モレが見つかった場合、申請して認められれば、モレていた加入履歴を回復することができるようにしました。特にこの第一回目のねんきん定期便は重要ですから、なくさないようにしましょう。

令和三年四月からは第一三回目になります。ちなみに、四回目からは、ハガキになっています。三五歳・四五歳・五九歳の節目の年には、封書で全期間の年金記録情報が載ったものが届きます。必ず確認するようにしましょう。

ねんきん定期便のポイント

●第一回の定期便（A４封筒サイズ）には加入歴がすべて記載されている。
→特に重要！なくさないように！
●現在の定期便（ハガキ）も念のため保存しておく。
●年金受給者もモレをチェック。モレには時効が適用されないものもあるので、モレは利息がついて受給できる場合がある。

「最近の月別状況です」の用語の意味

国民年金（第1号・第3号）納付状況欄について

納付済	保険料を納めた期間（保険料が免除や猶予された後に追納した場合も含む）
未納	保険料を納めていない期間
3号	第3号被保険者の期間
全額免除	保険料が全額免除の期間
半額免除	保険料が半額免除され、残りの半額を納めた期間
半額未納	保険料が半額免除されたが、残りの半額を納めていない期間
3/ 4免除	保険料が 3/4 免除され、残りの1/ 4を納めた期間
3/ 4未納	保険料が 3/4 免除されたが、残りの1/ 4を納めていない期間
1/ 4免除	保険料が1/ 4免除され、残りの3/ 4を納めた期間
1/ 4未納	保険料が1/ 4免除されたが、残りの3/ 4を納めていない期間
学生特例等	学生納付特例または納付猶予が認められた期間
付加	付加保険料を納めた期間
未加入	20 歳以上 60 歳未満の期間のうち、どの制度にも加入していなかった期間、または共済組合等に加入していた期間

※ねんきん定期便は、国民年金・厚生年金に加入中の方に郵送されます。年金受給中で加入していない方には郵送されません。

ねんきんネット

PCやスマホで検索できる

◉ユーザーIDが必要

パソコンやスマートフォンからアクセスできるサービスに、ねんきんネットがあります。

ねんきんネットでは、年金加入記録の照会、年金見込額の試算、持ち主の分からない記録の検索、公的年金等の源泉徴収票や各種通知書の確認など、年金に関するさまざまな情報を調べることができます。ただし、利用にはユーザーＩＤの取得が必要です。ユーザーＩＤの取得は少し複雑なので、パソコンやスマートフォンがあまり得意でない方は、前項で紹介した毎年郵送されてくるねんきん定期便のほうが使いやすいかもしれません。

「ねんきんネット」のメリット

①いつでも、最新の年金記録が確認できます！

◆24 時間いつでも、自宅のパソコンやスマートフォンで年金記録を確認できます。

◆「ねんきんネット」の情報は、毎月更新していましたが、平成 27 年1月末からは毎日更新※となっています。

※年金記録を管理している国のシステム（社会保険オンラインシステム）に登録された情報が、翌営業日に「ねんきんネット」で確認できるようになっています。

②年金記録の「モレ」や「誤り」が発見できます！

◆年金制度に加入していない期間、国民年金保険料を納めていない期間、報酬に大きな変動があった月など、ご自身で確認いただきたい情報をカラーで分かりやすく表示しています。

◆「年金記録に『モレ』があるのでは?」と心配な方は、ご自身で「持ち主不明記録」などを検索できます。

③将来の年金見込額を試算できます。

◆「働きながら年金を受け取る場合はいくら?」など、さまざまな条件に応じた年金見込額を試算できます。

◆平成 27 年1月末からは、スマートフォンでも年金見込額を試算できるようになっています。

年金知識

令和三年四月以降、得する人、損する人

◉知識があるかないかで大きく変わる！

年金の仕組みはさまざまに変わっています。大きな流れとしては、
①厚生年金と共済年金が一元化された（平成二七年一〇月から）
②平成二八年一〇月一日から、厚生年金の加入条件が緩和された
③平成二九年八月一日から、公的年金の老齢給付の受給資格期間が一〇年に短縮された
④令和元年一〇月一日から年金生活者支援給付金制度開始
⑤令和三年度の年金額は〇・一％引下げ。マクロ経済スライドの未調整分は翌年度以降に繰り越し

となります。これによって、得する方と損する方がいるかもしれません。

たとえば③の改定を知らなかった場合、国民年金の加入期間が一五年のみで年金は受給できないものと勘違いしている人は、損をしてしまいます。また、年金事務所で調査をしたことがない方も多くみられ、もしモレ記録が見つかれば年金額増額のチャンスです。特に、このような制度変化の対象となる方ほど、その仕組みをしっかりと理解し、どうすればよいかを考えてメリットを得てください。

マイナンバー

年金の相談や請求でマイナンバーを活用

◉平成二九年一月からマイナンバーの業務開始

平成二九年一月から日本年金機構の年金事務所などでは、基礎年金番号に加えて、マイナンバーを利用した年金相談や年金記録に関する照会業務を始めています。具体的には、平成二九年一月から年金受給権者現況届で、平成二九年四月からは年金請求書と扶養親族等申告書で、マイナンバーが使用されています。年金請求時にマイナンバーで住所や収入について確認がとれる場合には、住民票と所得証明書の添付が省略できるようになりました。

年金事務所の窓口でマイナンバーによる相談や照会を行う際には、本人確認書類の原本が必要です。本人確認において本人からマイナンバーの提供を受ける場合、成りすましを防止するために本人確認措置をとることが規定されています。そのため、年金の各種手続きでマイナンバーを提供した場合には、マイナンバーの正しい持ち主か否かの身元を確認するために次頁の書類等が必要になります。

なお、日本年金機構と厚生労働省のホームページ上において制度の周知等のための情報が掲載されているので、参照してください。

マイナンバーの本人確認措置

日本年金機構が実施するマイナンバー法第16条に基づく本人確認について

日本年金機構がマイナンバーの提供を受ける場合、マイナンバー法第16条に基づき、以下のとおり本人確認（マイナンバーの確認と身元（実存）確認）を実施します。なお、代理人が本人のマイナンバーを提供する場合は、本人のマイナンバーの確認にあわせて、戸籍謄本、委任状等の書類による代理権の確認と、代理人の身元（実存）確認を行います。

【日本年金機構が本人からマイナンバーの提供を受ける場合】
○対面・郵送による場合（対面の場合は原本により確認。郵送の場合は原本またはその写しにより確認）

マイナンバーの確認	
■次に掲げる書類のうちいずれか1つによる確認 ①マイナンバーカード ②通知カード ③マイナンバーが記載された住民票の写し、住民票記載事項証明書	■左記による確認が困難な場合は、次の方法による確認 ・地方公共団体情報システム機構への確認 ・日本年金機構において過去に本人確認等の上で作成した特定個人情報ファイルによる確認

身元（実存）確認	
●次に掲げる書類のうちいずれか1つによる確認 ①マイナンバーカード ②運転免許証、運転経歴証明書 ③住民基本台帳カード（写真付きのもの） ④旅券（パスポート） ⑤身体障害者手帳、精神障害者保健福祉手帳、療育手帳 ⑥在留カード、特別永住者証明書 ⑦官公署等が発行した資格証明書で次に掲げるもの（写真付きのもの）☆ ・船員手帳　・海技免状 ・小型船舶操縦免許証 ・猟銃・空気銃所持許可証 ・戦傷病者手帳　・宅地建物取引主任者証 ・電気工事士免状　・無線従事者免許証 ・認定電気工事従事者認定証 ・特種電気工事資格者認定証 ・耐空検査員の証 ・航空従事者技能証明書 ・運航管理者技能検定合格証明書 ・動力車操縦者運転免許証 ・教習資格認定証 ・検定合格証（警備員に関する検定の合格証）	■左記による確認が困難な場合は、次に掲げる書類2つ以上による確認 （異なる丸数字の組合せが必要） ⑧被保険者証、組合員証（国民健康保険、健康保険、船員保険、後期高齢者医療、介護保険、共済組合） ⑨児童扶養手当証書、特別児童扶養手当証書 ⑩住民基本台帳カード（写真付きでないもの） ⑪公的年金（企業年金、基金を除く）の年金証書または恩給証書 ⑫年金手帳 ⑬日本年金機構が交付した通知書（年金額改定通知書、年金振込通知書等）☆ ⑭印鑑登録証明書 ⑮学生証（写真付きのもの）☆ ⑯官公署等が発行した身分証明書（写真付きのもの）☆ ⑰官公署等が発行した資格証明書（写真付きのもので⑦に掲げる書類以外のもの）☆

（備考）・☆印（⑦、⑬、⑮、⑯、⑰）については、氏名、生年月日（又は住所）が記載されたものに限る。
・資格（身分）証明書（官公署等が発行する証明書で、氏名、住所、生年月日、顔写真など、個人を特定する情報を記載、貼付した有効期限内のもの）は原本の提示が必要（写しや画像は不可）。
・日本年金機構が基礎年金番号・氏名・住所等を予め印字して本人に交付した届書等については、当該届書等を使用して届出を行う場合には、これを身元（実存）確認書類として扱う。

支援給付金

年金生活者の支援給付金を受けるとお得！

年金生活者支援給付金は、消費税引き上げ分を活用し、公的年金等の収入やその他の所得額が一定基準額以下の年金受給者の生活を支援するために、年金に上乗せして支給されます。

◉請求しないと支給されない

老齢（補足的老齢）年金生活者支援給付金を受け取るには、年金生活者支援給付金請求書の提出が必要です。左記の支給要件を満たす方が対象となります。令和三年八月より所得情報の切り替え時期が変更され、六月頃に市町村民税の課税所得が確定されます。従来の支給対象者だけでなく、支給要件に該当する可能性のある人にも、九月に簡易な請求書（はがき型）が作成・送付され、受給候補者はこれを一〇月に提出することになります。該当したら必ず請求して受け取りましょう。請求しないと支給されず、損をしてしまいます。

この他に、遺族年金・障害年金受給者を対象とした給付もあります。

老齢（補足的老齢）年金生活者支援給付金の概要

◆支給要件

以下の要件をすべて満たしている方が対象です。

① 65 歳以上で、老齢基礎年金を受けている。

②請求される方の世帯全員の市町村民税が非課税である。

③前年の年金収入額とその他の所得額の合計が 881,200 円以下である。

◆給付額

給付額は、保険料納付済期間等に応じて算出されます。

①保険料納付済期間に基づく額〈月額〉

5,030 円×保険料納付済期間／ 480 月

②保険料免除期間に基づく額〈月額〉

10,856 円×保険料免除期間／ 480 月

【例】納付済月数 60 月、全額免除月数 240 月の場合

① 5,030 円× 60 ／ 480 月＝ 629 円

② 10,856 円× 240 ／ 480 月＝ 5,248 円

629 円＋ 5,248 円＝ 6,057 円〈月額〉

- 給付額は毎年度、物価の変動による改定（物価スライド改定）があります。
- 給付額が改定された場合は「年金生活者支援給付金額改定通知書」が送付されます。
- 給付金の支払いは、原則2カ月分が年金と同じ受取口座に振り込まれます。

年金ミニ知識 ①

何歳から、どんな年金がもらえるの？

年金は、加入している年金の種類や期間、生年月日によって条件が変わってきます。

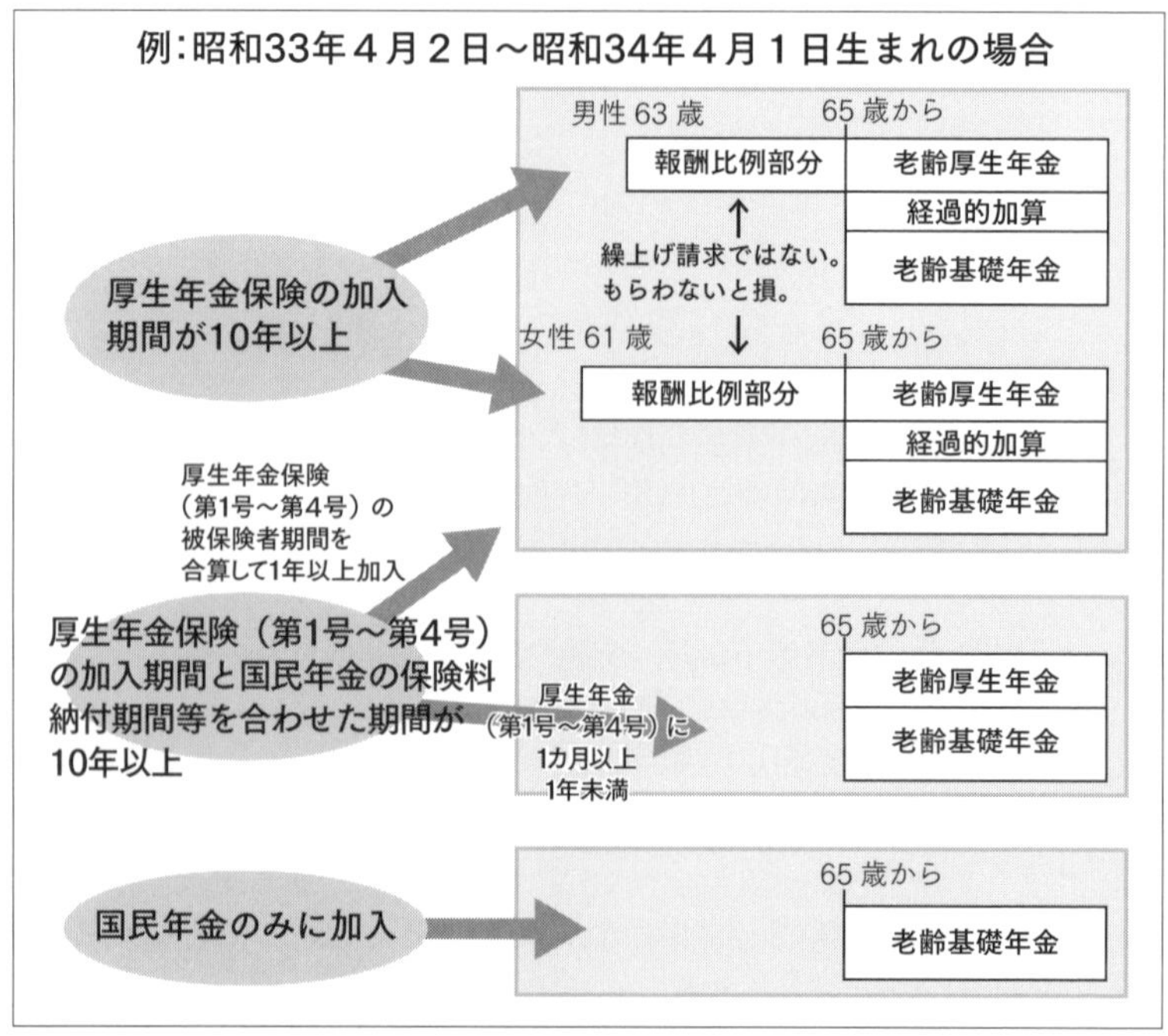

※老齢基礎年金の受給資格における保険料納付期間等にはカラ期間等を含む。

※国民年金の保険料納付年数が 40 年の場合は 65 歳から老齢基礎年金が満額受給できる。

※厚生年金（第1号～第4号）に 20 年以上加入している人で、生計維持されている一定の被扶養配偶者などがいれば男性・女性とも 65 歳から加給年金が支給される。

※ 60 歳台前半の特別支給の老齢厚生年金は、定額部分と報酬比例部分の合計。

※ 60 歳以上で在職している人は、特別支給の老齢厚生年金は給与収入などに応じて一部停止または全額停止になる場合がある。

※老齢厚生年金には経過的加算を含む。

※平成 29 年8月1日より公的年金の老齢給付の受給資格期間が 10 年に短縮された。

第1章

老齢年金をもらうには

受給資格期間（公的年金の老齢給付）

まず受給資格期間をチェックしよう！

◉年金受給には資格期間が必要

年金をもらうには、決められた加入（納付等）年数を満たす必要があります。

平成二九年八月から、受給資格期間は一〇年となりました。それまでは、国民年金の場合は二五年以上の納付期間（免除等も含む）、厚生年金の場合は原則二〇年以上の加入期間が必要でした。

下記の図をチェックしてみてください。このうちのどれかのパターン（チャート）の条件を満たしていれば、年金をもらうことができます。受給資格期間を満たすことが第一歩となります。

受給開始年齢と期間を合致して受給

●受給資格期間（老齢給付）

	受給資格期間（平成29年8月以降）				
条件	国民年金（納付・4分の1免除・半額免除・4分の3免除・全額免除・カラ）・厚生年金（第1号）・厚生年金（第2号～第4号）の加入期間でみます				
加入していた年金制度	国民年金 ↓	厚生年金（第1号～4号） ↓	厚生年金（第1号）＋国民年金 ↓	厚生年金（第2号～4号）＋国民年金 ↓	厚生年金（第1号）＋厚生年金（第2号～4号）＋国民年金 ↓
年数	10年以上				

※受給要件（老齢）は10年ですが、10年の要件を満たしても加入（納付）が必要です。
※平成29年7月以前の受給資格期間は下記のとおりです。
・上記年数10年以上が、25年以上となります。
・生年月日により、92頁の付表M・N・Oの期間でも受給資格期間を満たします。

任意加入（国民年金）

資格期間が足りなくても大丈夫！

◉国民年金の任意加入制度を活用する

前頁の受給資格期間を満たしていればよいのですが、満たしていない場合は無年金になります。

ただし、平成二九年八月からは、公的年金の老齢給付受給資格期間が単独でも合算でも一〇年以上になりましたので、無年金者はかなり減るものと思います。

しかし、それでも資格期間が足りない方は、国民年金の六〇歳から六五歳になるまでの任意加入制度と、六五歳から七〇歳になるまでの特例任意加入制度を活用して受給資格期間を満たすようにしましょう。

具体的な方法はこの後に説明しますので、参考にしてください。

いろいろな納付等を活用

- 国民年金の任意加入制度
- 国民年金の特例任意加入制度（資格期間がない方のみ）
- ほかの年金（厚生年金）に加入する

一〇年年金①（公的年金の老齢給付）

一〇年以上の納付等で年金が受給できる

◉平成二九年八月から受給資格が二五年から一〇年へ

公的年金の老齢給付の受給資格期間を二五年から一〇年に短縮する「改正年金機能強化法」が平成二八年一一月一六日に成立し、同月二四日に公布されました。これまでは、国民年金や厚生年金等の保険料を納めた期間と国民年金の保険料免除期間等を合わせた資格期間が原則二五年ないと老齢年金は受け取れませんでしたが、平成二九年八月一日からは保険料を納めた期間等が一〇年以上あればもらえるようになりました。それに伴って、かなりの無年金者を救済することが可能になりました。

資格期間が満たない方に対しては、平成二四年一〇月から平成二七年九月までに、遡及して一〇年間分を納められる後納制度があり、平成二七年一〇月から平成三〇年九月まで、遡及して五年間分を納められる後納制度がありました。この後納制度を利用して一〇年の受給資格期間を満たし、平成二九年八月一日以降にようやく年金が受給できた方も多くいらっしゃいます。

◉一〇年年金の受給額は年額約一九万円

この一〇年年金によって、新たに約六四万人が年金を受給できるようになりました。無年金でなくなることは朗報ですが、受給額のことを考えると厳しいものがあります。

国民年金の場合、四〇年納付して受給できるのは年額七八万九〇〇円ですので、一〇年間の資格期間ではその四分の一の年額約一九万円で、とても生活できる金額ではありません。二五年でも受給額は約四九万円で、夫婦二人分を合わせても年間九八万円、月額約八万円に過ぎないのです。

夫婦二人で六五歳から暮らす最低月額は二二万円くらいといわれています。四〇年間納付して二人で満額受給しても年額一五六万一八〇〇円、月額約一三万円に過ぎないのです。そのことをきちんと認識し、老後の生活資金を考えておく必要があるでしょう。

平成30年9月までの後納制度

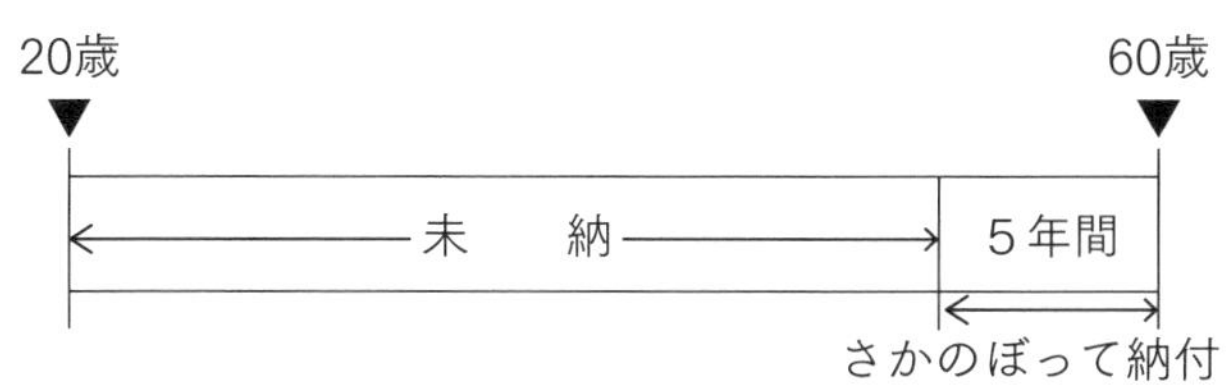

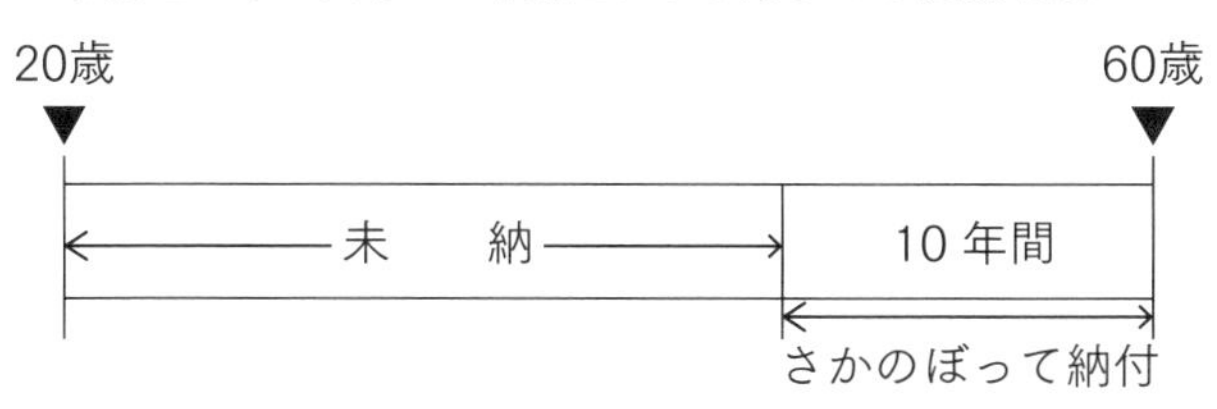

一〇年年金②（公的年金の老齢給付）

受給するには年金請求書で手続きする

◉加入期間一〇年未満の方に「加入期間の確認のお知らせ」を送付

前頁でも少し触れましたが、法改正により一〇年年金に該当した人は六五歳以上で約四〇万人、特別支給の老齢厚生年金の該当者も約二四万人おり、合わせて約六四万人が新たに年金を受給できるようになりました。

平成二九年八月一日時点で一〇年年金の受給資格者には黄色の封筒で年金請求書が送られており、手続きをすることになっています。未請求の方は早急に手続きしてください。また、八月以降に受給権が発生する方には、通常の緑色の封筒で年金請求書が届きます。

なお、年金請求書が送られてこない無年金者であっても、諦めないで調査をしてください。平成二九年一二月以降、受給資格期間が一〇年未満で、次頁の表に該当する方には「年金加入期間の確認のお知らせ」（ハガキ）が順次送付されています。年金を受け取れる可能性もありますので、しっかり確認してください。また、合算対象期間等により、二五年の受給資格期間を満たすことが発見できた場合には、最大五年（場合によっては本来の受給権発生時点まで）さかのぼって年金が受給できる可能性があります。

年金加入期間 10 年未満の方へのお知らせ(ハガキ)の送付

資格期間が 10 年未満の方

資格期間が 10 年未満であって、下記の表に該当する方には、基礎年金番号、氏名、住所及び年金加入記録をあらかじめ印字した「年金加入期間の確認のお知らせ（案内)」が日本年金機構から本人あてに送付されています。

まだ未確認でしたら、「ねんきんダイヤル」（0570-05-1165）で予約の上、年金事務所等で相談してください。

※合算対象期間や任意加入等により、年金を受け取れる可能性があります。

◇「年金加入期間の確認のお知らせ」（ハガキ）の送付時期

	生年月日	送付の時期
1	大正 15 年 4 月 2 日 ～昭和 17 年 4 月 1 日生	平成 29 年 12 月 18 日
2	昭和 17 年 4 月 2 日 ～昭和 23 年 4 月 1 日生	平成 30 年 1 月 22 日
3	昭和 23 年 4 月 2 日 ～昭和 26 年 7 月 1 日生	平成 30 年 2 月 19 日
4	昭和 26 年 7 月 2 日 ～昭和 28 年 10 月 1 日生	平成 30 年 3 月 19 日
5	昭和 28 年 10 月 2 日 ～昭和 30 年 8 月 1 日生（男性） 昭和 28 年 10 月 2 日 ～昭和 30 年 10 月 1 日生（女性）	平成 30 年 4 月 23 日
6	昭和 30 年 10 月 2 日 ～昭和 32 年 8 月 1 日生（女性）	平成 30 年 5 月 21 日
7	～昭和 32 年 8 月 1 日生 （共済期間のある者） ～大正 15 年 4 月 1 日生 （旧法対象者）	平成 30 年 6 月 18 日

国民年金（保険料）

国民年金の納付は二年前納がお得！

◉国民年金保険料は前納や口座振替で割引き

国民年金では、二〇歳から六〇歳になるまで日本国内に住所のある人は、すべて被保険者になることになっています。毎月の保険料は翌月末日までに納めることになっています。

令和三年度の国民年金保険料は一万六六一〇円となっており、納付書による納付と口座振替による納付とがあります。口座振替の早割（当月末日振替）なら、月々五〇円割引になります。さらに割引額が大きいのが前納です。「六カ月前納」「一年前納」「二年前納」とありますが、もっとも割引額が大きくなるのは口座振替による「二年前納」で、一万五八五〇円安くなり、大変お得です。

納付方法（現金）で前納した場合

納付方法	年間納付保険料	割引額
2年前納	383,810円	14,590円
1年前納	195,780円	3,540円
6カ月前納	98,850円	810円

口座振替で前納した場合

納付方法	年間納付保険料	割引額
2年前納	382,550円	15,850円
1年前納	195,140円	4,180円
6カ月前納	98,530円	1,130円

（令和3年度額）

納付期間

納付期間を四〇年にするとお得！（国民年金）

◉任意加入制度を活用

国民年金は、納付期間等が四〇年に満たない方が、六〇歳～六五歳までの間、任意加入制度を利用して納付し、納付期間を四〇年にすると有利になります。任意加入制度で納付している間は付加年金を納付することもできます。

六〇歳になっても納付期間が四〇年に満たない方は、できるだけ納付期間を四〇年に近づけておくと、年金額が増えて有利になります。

気をつけたいのは、任意加入なので手続きが必要なことです。手続きは原則市区町村役場の国民年金担当窓口で行いますが、年金事務所でもできます。

得する方法なので、できうる限り行いましょう。

任意加入制度の例

（例）昭和 36 年4月3日生まれで保険料納付 36 年です。満額もらいたいので任意加入しました。4年間納付後 40 年を満たしたら、それ以上の任意加入はできません。ただし、パート勤めで厚生年金に加入するという手はあります。

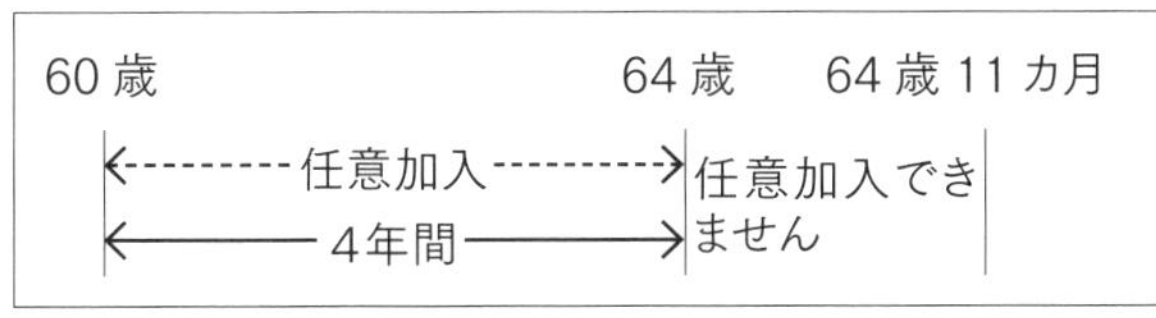

追納制度（国民年金）

過去一〇年分の免除を納付済期間に

◉余裕があれば保険料を追納して年金額を増やそう

老齢基礎年金は、国民年金保険料を納付または免除した月数により年金額が決定します。先述した保険料免除制度は、少ない保険料で年金額を増やすことができるので、保険料の納付が困難な方は必ず申請しましょう。この保険料の免除期間は、一〇年以内の分ならさかのぼって納付することができます。これを追納といい、さらに年金額を増やすことができます。

ただし、三年度目以降の保険料は加算額がついて高くなるので、早めに追納することをおすすめします。納付猶予や学生納付特例の期間についても、追納すると年金額に反映されてお得です。

追納に関する注意点

①老齢基礎年金を受けられる方は、追納できません。
②追納は、免除などを受けた期間のうち、原則古い期間の保険料から納めることになります。
③一部免除を受けた期間に、残りの納付すべき保険料を納付していない場合は、追納できません。
④免除などを受けた期間の翌年度から数えて３年度目以降に追納する場合は、当時の保険料額に一定の加算額が上のせされます。
⑤追納するためには申し込みが必要です。国民年金保険料追納申込書に必要事項を記載し、お近くの年金事務所へ提出（郵送による提出も可）してください。国民年金保険料追納申込書は、日本年金機構のホームページからダウンロードすることもできます。

特別支給の年金（厚生年金）

六五歳未満でも受け取れる年金がある！

◉年金の支給開始は原則六五歳だが

老齢年金は、皆さんの老後の生活を支えるための年金です。国民年金だけに加入していた方は老齢基礎年金を受け取り、厚生年金に加入していた方は基礎年金部分に厚生年金分が上乗せされます。公的年金の支給開始年齢は原則として六五歳になります。

ただし、厚生年金は生年月日により、一定の支給開始年齢になったら六五歳未満でも年金の一部を受け取ることができます（この厚生年金の六五歳前の受給は繰上げではありません）。このような六〇歳台前半の年金は特別支給の年金といいます。国民年金は六〇歳から六五歳になる前月まで繰上げて受給することもできます（これは特別支給とは呼びません）。

各制度の老齢年金の比較

比較項目	国民年金	厚生年金（第1号～4号）
支給開始年齢	65歳 ⇓ 早く受給すると減額になる	65歳 （ただし生年月日により60歳から65歳になるまで特別支給）

特別支給の老齢厚生年金

厚生年金には特別支給がある（厚生年金）

◉特別支給分は減額されない

今年度六〇歳になる方の特別支給の老齢厚生年金の受給開始年齢は下図のようになっており、男性は本来支給の六五歳から、女性は六二歳から受給できることになっています。

女性が六二歳から受給すると、国民年金の繰上げと同じ扱いになり、六五歳からもらえる年金額が満額の八二％に減額されてしまうと勘違いする方が多いのですが、これは間違いです。

厚生年金の特別支給年金に関しては、六〇歳からもらえるものが六二歳に引き上がっただけなので受給しないと損になります。

特別支給の老齢厚生年金の受給開始年齢の 60 歳支給を段階的に 65 歳へ、報酬比例部分も段階的に 65 歳に（抜粋）

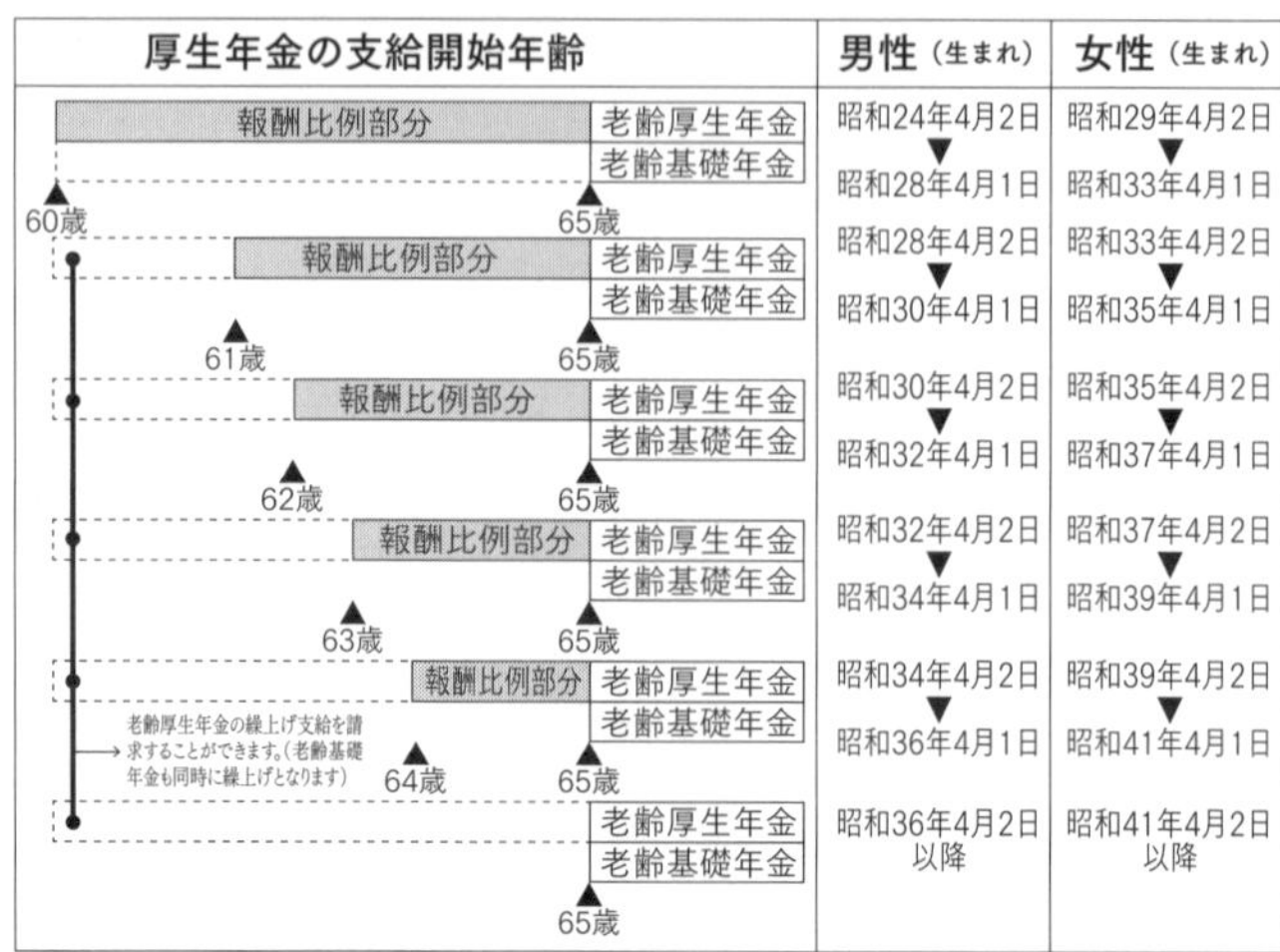

厚生年金の支給開始年齢	男性（生まれ）	女性（生まれ）
60歳から報酬比例部分、65歳から老齢厚生年金・老齢基礎年金	昭和24年4月2日 ▼ 昭和28年4月1日	昭和29年4月2日 ▼ 昭和33年4月1日
61歳から報酬比例部分、65歳から老齢厚生年金・老齢基礎年金	昭和28年4月2日 ▼ 昭和30年4月1日	昭和33年4月2日 ▼ 昭和35年4月1日
62歳から報酬比例部分、65歳から老齢厚生年金・老齢基礎年金	昭和30年4月2日 ▼ 昭和32年4月1日	昭和35年4月2日 ▼ 昭和37年4月1日
63歳から報酬比例部分、65歳から老齢厚生年金・老齢基礎年金	昭和32年4月2日 ▼ 昭和34年4月1日	昭和37年4月2日 ▼ 昭和39年4月1日
64歳から報酬比例部分、65歳から老齢厚生年金・老齢基礎年金	昭和34年4月2日 ▼ 昭和36年4月1日	昭和39年4月2日 ▼ 昭和41年4月1日
65歳から老齢厚生年金・老齢基礎年金	昭和36年4月2日 以降	昭和41年4月2日 以降

老齢厚生年金の繰上げ支給を請求することができます。（老齢基礎年金も同時に繰上げとなります）

※平成 27 年 10 月からの共済組合の組合員等は厚生年金になっていますが、女性も男性と同じです。（女性の方は上図の男性欄を参照）

※厚生年金被保険者期間が 44 年以上あると上記に関係なく報酬比例部分支給開始時から定額部分も受給可能です（ただし厚生年金に加入していないこと）→78頁参照。

※障害等級３級相当以上でも上記に関係なく報酬比例部分支給開始時から受給可能です。（ただし厚生年金に加入していないこと）

第三号被保険者（国民年金）

国民年金保険料が無料のケース

◉厚生年金の被扶養配偶者

厚生年金の被扶養配偶者（二〇歳以上六〇歳未満かつ年収一三〇万円）を第三号被保険者といい、国民年金保険料は原則無料です。

これは、配偶者である第二号被保険者が加入している被用者年金制度（厚生年金や共済組合など）の保険者が集めた保険料や掛金などの一部を基礎年金拠出金として毎年度負担しているためです。

第三号被保険者に該当する場合は、配偶者の勤務先に届け出る必要があります。

第三号被保険者期間は保険料納付済期間として将来の年金額に反映されます。

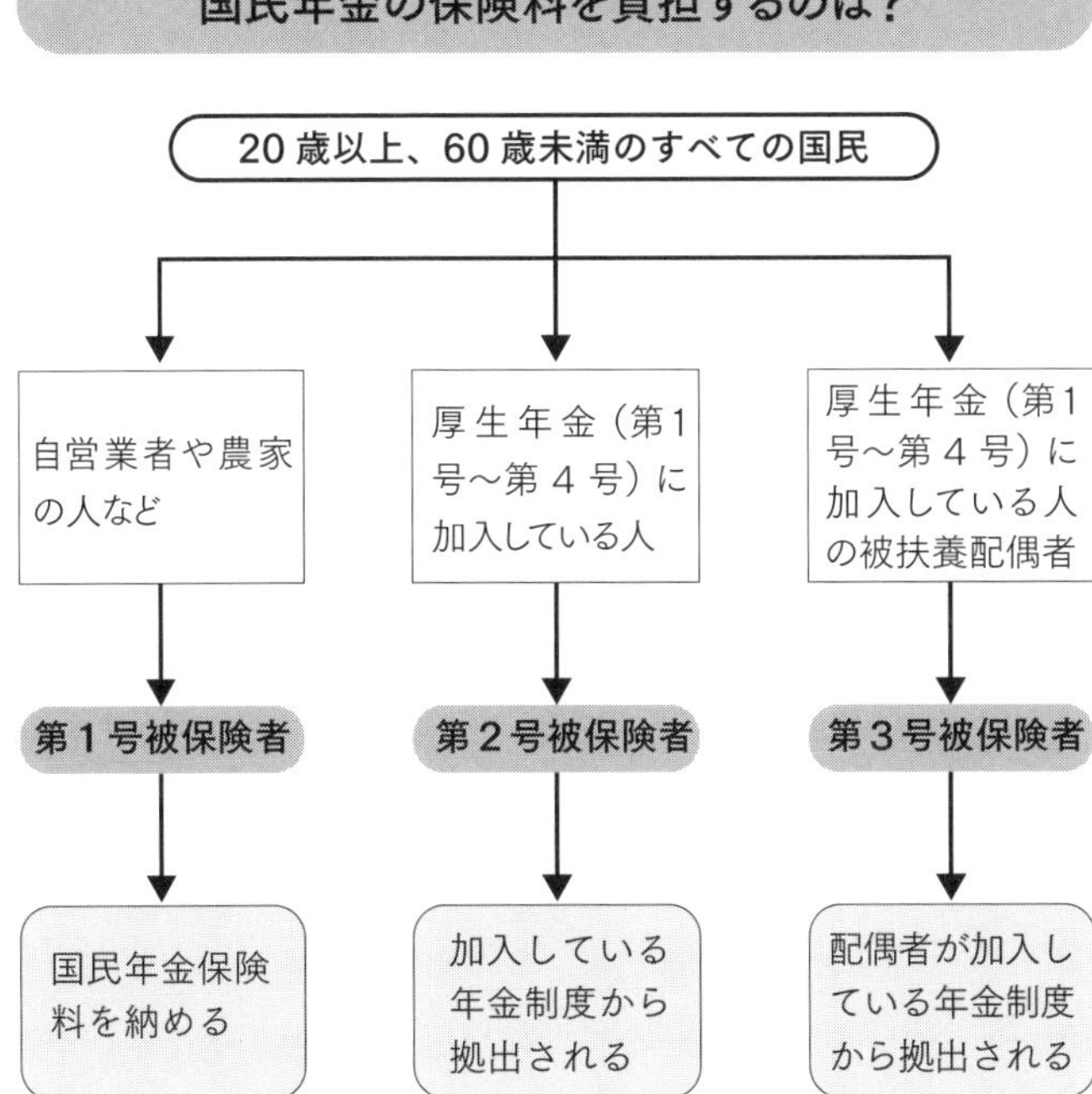

保険料免除

少ない保険料で多く年金をもらう！（国民年金）

◉申請しないと免除されないことも

国民年金の被保険者で保険料を負担できない場合は、ひとまず保険料免除を申請してください。保険料免除には、法定免除と申請免除があります。法定免除は障害基礎年金、または厚生年金等から一級や二級の障害年金を受けている方や生活保護法により生活扶助を受けている方などです。申請免除は所得のない方や障害者や寡婦で、年間の所得が地方税法に定める一定額以下の方、保険料の納付が困難な方などが対象です。これらの方は手続きをして少しでも得をしましょう。少ない保険料で多く年金をもらいましょう。

老齢基礎年金の計算式

$$\text{年金額 780,900円} \times \frac{\text{保険料納付済月数} + A + B}{\text{加入可能年数} \times 12\text{月}}$$

A＝平成21年3月までの（保険料4分の1免除月数×5/6）＋（保険料半額免除月数×2/3）＋（保険料4分の3免除月数×1/2）＋（保険料全額免除月数×1/3）

B＝平成21年4月以降の（保険料4分の1免除月数×7/8）＋（保険料半額免除月数×3/4）＋（保険料4分の3免除月数×5/8）＋（保険料全額免除月数×1/2）

学生納付、若年者納付（国民年金）

手続きしないと無年金になる場合も！

◉国民年金期間の種類

国民年金は、払った期間等（未納期間を除く）の合算期間が一〇年（平成二九年八月から二五年が変更）以上ないと無年金者になってしまいます。手を打つ必要があります。

たとえば、国民年金期間だけだと二〇歳から六〇歳になるまで四〇年あり、一〇年以上で受給資格期間を満たすことができます。満たしていない方は、六〇歳からの任意加入等により一〇年以上になれば受給資格期間を満たすことができます（平成二九年七月までは二五年で満たすことになっていました）。納付猶予の期間等でも必ず手続きをしておきましょう。

国民年金の期間の詳細

納付済期間	国民年金保険料を納付した期間（第3号を含む）
保険料4分の1免除期間	保険料の4分の1免除を受けた期間
半額免除期間	保険料の半額免除を受けた期間
保険料4分の3免除期間	保険料の4分の3免除を受けた期間
全額免除期間	保険料の全額免除を受けた期間（法定・申請免除）
学生納付特例期間	20 歳以上の学生で申請した期間
納付猶予期間	50 歳未満で低所得で申請した期間
カラ期間	国民年金の任意加入時代に加入しなかった期間など
※未納（滞納）期間	国民年金保険料を支払っていない期間

減額支給（国民年金）

減額支給は一生続くので注意！

国民年金は、原則六五歳支給（一〇〇％）ですが、繰上げ・繰下げで受給することもできます。

◉繰上げ受給すると支給額は減額

繰上げだと減額支給になるほか、次のようなデメリットがあります。

①一生、減額率が適用される
②一度請求すると取り消しができない
③任意加入ができず、追納（過去の最大一〇年分まで納付することができる制度）等ができない

年金額の詳細は47頁を参照してください。

つまり、繰上げした場合、支給額は減額されたまま一生続きますから、長寿になればなるほど損になります。

また、遺族年金をもらう配偶者にとっては、減額された支給額がベースになりますから、この場合も損になります。

繰上げ、繰下げの増減は、左表を参考にしてください。

繰上げ・繰下げ増減表

繰上げ請求年齢	支給率		繰下げ請求年齢	支給率	
	昭和16年4月1日生まれまで	昭和16年4月2日以降生まれ		昭和16年4月1日生まれまで	昭和16年4月2日以降生まれ
60歳以上61歳未満	58%	70%	66歳以上67歳未満	112%	108.4%
61歳以上62歳未満	65%	76%	67歳以上68歳未満	126%	116.8%
62歳以上63歳未満	72%	82%	68歳以上69歳未満	143%	125.2%
63歳以上64歳未満	80%	88%	69歳以上70歳未満	164%	133.6%
64歳以上65歳未満	89%	94%	70歳以上	188%	142.0%

昭和16年4月2日生まれの人から1カ月0.5％刻みで繰上げ請求できるようになった。昭和36年5月10日生まれの人が8月に手続きをすると、3月遅れての繰上げ請求となり0.5％×3＝1.5％、70％＋1.5％＝71.5％の支給になる。

繰下げの場合は0.7％刻みとなる。

※令和4年4月1日以降、繰上げ受給の減額率を0.5%から0.4%へ縮小。繰下げ受給の上限年齢を75歳まで引き上げる予定です。現在の繰下げ受給の割合は、全体の1.5%くらいにとどまります。

老齢基礎年金（国民年金）

いつからもらうのが得か？

◉繰上げ制度の損得分岐点は約七八歳

繰上げすると、支給額は減給され、それは一生減額されたままです。

とはいえ、人の寿命はわかりません。平均寿命と平均余命などを考えて受給する方や、本人の健康状態や老後の家計などを総合的に判断して、繰上げする方もいます。

統計的には、三割弱の人たちが繰上げしています。

また、厚生年金の方の場合、年金額の計算式でいうところの定額部分が、六五歳になると、国民年金（老齢基礎年金）になります。そのため、国民年金だけの方と同じように繰上げをすることもできます。

たとえば、繰上げをせず六五歳から受け取ると決めたとしても、もし六五歳前に亡くなってしまうと一度も年金を受給することができず、最悪の損になります。

一方、七八歳以上長生きしたら六五歳から受けた方は得になり、繰上げは損になります。

どのような形で年金を受け取るのが自分にとってベストなのかを、六〇歳になる前に、一度きちんと考えてみることが大切です。

老齢基礎年金を繰上げ受給したときの受取総額（累計額）

（令和３年4月1日現在）

昭和 16 年4月2日以降生まれ、本来の年金額を 780,900 円に固定して計算

受給開始年齢／到達年齢	60 歳 支給率 70%	61 歳 支給率 76%	62 歳 支給率 82%	63 歳 支給率 88%	64 歳 支給率 94%	65 歳 支給率 100%
60 歳時	546,630	–	–	–	–	–
61 歳時	1,093,260	593,484	–	–	–	–
62 歳時	1,639,890	1,186,968	640,338	–	–	–
63 歳時	2,186,520	1,780,452	1,280,676	687,192	–	–
64 歳時	2,733,150	2,373,936	1,921,014	1,374,384	734,046	–
65 歳時	3,279,780	2,967,420	2,561,352	2,061,576	1,468,092	780,900
66 歳時	3,826,410	3,560,904	3,201,690	2,748,768	2,202,138	1,561,800
67 歳時	4,373,040	4,154,388	3,842,028	3,435,960	2,936,184	2,342,700
68 歳時	4,919,670	4,747,872	4,482,366	4,123,152	3,670,230	3,123,600
69 歳時	5,466,300	5,341,356	5,122,704	4,810,344	4,404,276	3,904,500
70 歳時	6,012,930	5,934,840	5,763,042	5,497,536	5,138,322	4,685,400
71 歳時	6,559,560	6,528,324	6,403,380	6,184,728	5,872,368	5,466,300
72 歳時	7,106,190	7,121,808	7,043,718	6,871,920	6,606,414	6,247,200
73 歳時	7,652,820	7,715,292	7,684,056	7,559,112	7,340,460	7,028,100
74 歳時	8,199,450	8,308,776	8,324,394	8,246,304	8,074,506	7,809,000
75 歳時	8,746,080	8,902,260	8,964,732	8,933,496	8,808,552	8,589,900
76 歳時	9,292,710	9,495,744	9,605,070	9,620,688	9,542,598	9,370,800
77 歳時	9,839,340	10,089,228	10,245,408	10,307,880	10,276,644	10,151,700
78 歳時	10,385,970	10,682,712	10,885,746	10,995,072	11,010,690	10,932,600
79 歳時	10,932,600	11,276,196	11,526,084	11,682,264	11,744,736	11,713,500
80 歳時	11,479,230	11,869,680	12,166,422	12,369,456	12,478,782	12,494,400
81 歳時	12,025,860	12,463,164	12,806,760	13,056,648	13,212,828	13,275,300
82 歳時	12,572,490	13,056,648	13,447,098	13,743,840	13,946,874	14,056,200
83 歳時	13,119,120	13,650,132	14,087,436	14,431,032	14,680,920	14,837,100
84 歳時	13,665,750	14,243,616	14,727,774	15,118,224	15,414,966	15,618,000
85 歳時	14,212,380	14,837,100	15,368,112	15,805,416	16,149,012	16,398,900

おおむねこの線より長生きすれば 65 歳から受給したほうが受給総額が多くなる。繰上げをすると、それ以降の受取額は終身変わらない（78 歳くらいで受給総額が同じくらいになりますが、正式には上下しますので 78 歳くらいを想定しています）。

ONE POINT アドバイス…受給開始をいつからにするかは、あなたの家系が長寿であるかどうか、健康状態などからよく考えて決めましょう。

妻の国民年金

年金は夫婦単位で考える！

◉年金の組み合わせ

年金額は、夫と妻がどの種類の公的年金にどのくらい加入しているかでかなり違ってきます（下表参照）。

夫が厚生年金に長期間加入しており、妻も夫と同じように長期加入している場合や、妻が専業主婦の場合には、妻の国民年金（老齢基礎年金）は六五歳から受給するのが一般的です。

それ以外の組み合わせは、六五歳でもらう場合と、それ以前に繰上げでもらう場合があります。六五歳でもらう場合で得するのは長生きする方で、損するのは平均寿命か平均余命以下で亡くなる方です。

公的年金で老齢（退職）年金をもらい始めると、亡くなるまで受給可能なので、長生きするほど得になります。

あなたはどのパターン

夫	厚生年金	厚生年金	国民年金	国民年金
妻	厚生年金	国民年金	厚生年金	国民年金
	豊かな老後を迎えられます	最低限の生活は可能	多少の貯えが必要	多くの貯えが必要

※女性は学校を卒業して短い厚生年金と長い国民年金がある方が一般的です。上記の表では期間が長い方のみ見てください。
上記の厚生年金は第1号～第4号のことです。

報酬比例部分①（厚生年金）

退職後の働き方で違いが出る！

◉男性・女性ともに受給権が発生したら

厚生年金は、40頁で説明した通り、報酬比例部分を六五歳前に受給できますが、全額受給の条件である「厚生年金に加入していない」ことと「会社を退職している」ことは同じではないことに注意してください。

厚生年金に加入したままで在職老齢年金になってしまうと、報酬比例部分の受給が一部または全部が支給停止になる場合があります。一方、退職したりショート勤務の場合は厚生年金に加入できないので、報酬比例部分をすべて受給することができます。つまり、会社に勤務していても一般従業員の二分の一（五〇一人以上の事業所等一定の要件があります）未満の労働条件なら報酬比例部分をすべて受給できて得するのです。

通常受給の詳細

〔昭和 32 年4月2日～昭和 34 年4月1日生まれまでの**男性**の場合〕

60歳	63歳【通常受給】	65歳
	①　報酬比例部分	③　老齢厚生年金
		④　経過的加算
		⑤　老齢基礎年金
		⑥　加給年金

〔昭和 33 年4月2日～昭和 35 年4月1日生まれまでの**女性**の場合〕

60歳	61歳【通常受給】	65歳
	①　報酬比例部分	③　老齢厚生年金
		④　経過的加算
		⑤　老齢基礎年金

※要件を満たせば女性にも 65 歳から加給年金がつきます。

※上記の生まれの方には、それ以前の方にはある「②　定額部分」がありません。

厚生年金

厚生年金は国民年金よりお得！

◉厚生年金の保険料は会社が半分負担

国民年金保険料は月額一万六六一〇円で、国民一律ですが、厚生年金等は本人の収入に応じて保険料を算出しています。しかも、個人の負担額と同額を会社も負担して納付しています。ですからお得なのです。

厚生年金保険料は、本人の収入に応じて決定されるため、保険料の下限は二万円弱から上限は一〇万円強くらいにまでなります。たとえば、上限の約一〇万円の保険料を支払った場合と国民年金保険料を支払った場合を比べると約七倍の差になります。平均値でも約三倍以上になっているので、受給する年金額も三倍以上になり、お得です。ただし、働く会社が個人事業か法人会社かで差があるといった実情もあります。

厚生年金保険の保険料額表

厚生年金保険料率：令和２年９月分から適用　　(単位：円)

標準報酬※		報酬月額		厚生年金保険料（厚生年金基金加入員を除く）一般、坑内員・船員 18.300％	
等級	月額	円以上	円未満	全額	折半額
1	58,000	～	63,000		
2	68,000	63,000 ～	73,000		
3	78,000	73,000 ～	83,000		
4 (1)	88,000	83,000 ～	93,000	16,104.00	8,052.00
5 (2)	98,000	93,000 ～	101,000	17,934.00	8,967.00
6 (3)	104,000	101,000 ～	107,000	19,032.00	9,516.00
7 (4)	110,000	107,000 ～	114,000	20,130.00	10,065.00
8 (5)	118,000	114,000 ～	122,000	21,594.00	10,797.00
33 (30)	590,000	575,000 ～	605,000	107,970.00	53,985.00
34 (31)	620,000	605,000 ～	635,000	113,460.00	56,730.00
35 (32)	650,000	635,000 ～	665,000	118,950.00	59,475.00

※健康保険と厚生年金保険では、標準報酬月額の上限と下限が異なります。「等級」欄の（　）内の数字は、厚生年金保険の等級。

厚生年金保険料の上限

上限以上の保険料は徴収されない

◉高収入でも際限なく徴収されることはない

厚生年金は、長期給付のうえ終身受給できます。また、会社からの月額収入によって上限が決まっています。下の表の通り、厚生年金（標準報酬月額）の上限は六五万円です。これは、厚生年金に加入している方の平均値の二倍になります。

ですから、月収が二〇〇万円の方でも、厚生年金（標準報酬月額）は月額六五万円です（保険料は一一万八九五〇円です）。もしこの規定がなく収入に応じて厚生年金保険料が上がると、被保険者も会社も負担が大きくなります。また、国民年金の方との差がどんどん拡大することを考慮した規定です。

ちなみに、厚生年金と健康保険は同時に加入しますが、健康保険は短期給付なので標準報酬月額の上限は一三九万円となり、保険料の額に関係なく三割負担になっています。

厚生年金と健康保険の上限と下限

社会保険の種類＼標準報酬月額	下限	上限
厚生年金	88,000円	650,000円
健康保険	58,000円	1,390,000円

※令和2年10月納付分より、厚生年金保険の上限が650,000円になりました。

加給年金①

独身者は六五歳の二日前までに結婚すると得（厚生年金）

◉配偶者に支給される「加給年金」とは？

厚生年金の支給額は、定額部分＋報酬比例部分＋加給年金の計算式で決まります。六五歳未満の場合、生年月日と性別によって、あるいは、四四年以上（78頁を参照）厚生年金を掛けたかどうかによって違いが出ます。この中で加給年金は、本人が厚生年金で二〇年以上加入しており、かつ配偶者がいて、その配偶者の年収が八五〇万円未満の場合、配偶者が六五歳になるまで支給されます。

つまり、独身だと加給年金は支給されません。しかし、事実婚や、極論ですが本人が六五歳になる二日前までに婚姻届を提出すると加給年金がつきます。また、年の離れた若い配偶者なら、さらに得になります。

加給年金の額

生年月日	加給年金額	配偶者 特別加算額	配偶者 加給年金額
大正 15 年4月2日～ 昭和 9 年4月1日	224,700 円	0 円	224,700 円
昭和 9 年4月2日～ 昭和 15 年4月1日		33,200 円	257,900 円
昭和 15 年4月2日～ 昭和 16 年4月1日		66,300 円	291,000 円
昭和 16 年4月2日～ 昭和 17 年4月1日		99,500 円	324,200 円
昭和 17 年4月2日～ 昭和 18 年4月1日		132,600 円	357,300 円
昭和 18 年4月2日 以降	→	165,800 円	390,500 円

在職老齢年金①（厚生年金）

厚生年金の受給権発生以降に働く場合は注意！

◉受給権発生以降に厚生年金に加入のままだと……

厚生年金の老齢年金では、生年月日により六五歳前から報酬比例部分を受給できると説明しましたが、最近は六五歳くらいまで勤務する方が大半です。厚生年金保険の被保険者として勤務すると、減額された特別支給の老齢厚生年金が支給される場合があります。これを在職老齢年金といい収入に応じて全額停止、一部停止、全額支給の三つのパターンに分かれ、全額停止になる方が多いようです。

なぜそうなるかというと、毎月の給与等が高いために年金が相殺されてしまい、支給されなくなってしまうからです。しかし、やり方（方法論）によっては全額停止されずに受給することができます。会社との契約内容を変更したり、勤務時間等を減らして厚生年金に加入しなければよいのです。

受給開始年齢等の詳細は79頁を参照してください。

在職老齢年金のもらい方

特に再雇用の人は厚生年金の受給年齢になると賃金が下がりますが、一般的には税込で 38 万円以上の人は全額停止です。83 頁を参照し、損をする人から得をする人になりましょう……知らないと損

共稼ぎ夫婦

長生きするのが一番の得！

◉共稼ぎは加給年金や遺族年金がもらえない!?

共稼ぎですから夫婦とも厚生年金に加入しています。六〇歳くらいで妻は退職し夫は六五歳になるまで勤務したとすると、夫婦とも長期で厚生年金に入っていることになります。

こうした場合、妻は老齢年金を受給できますが、六五歳まで勤務している夫には、前項で説明した在職老齢年金が適用されて、老齢年金自体は全額停止になる場合が多いです。

さらに、夫婦とも二〇年以上の厚生年金加入期間（複数の種別の被保険者期間がある場合はそれらも合算）があるため、原則として加給年金の対象になりません。そのほか、もし夫が亡くなっても遺族厚生年金はもらえない可能性もあります。

つまり、共稼ぎ夫婦が年金で得するには、長生きする方法しかないのです。

夫婦ともども働くとき

夫……厚生年金（第1号～第4号）
妻……厚生年金（第1号～第4号）

このパターンで得するのは長生き組です。対策は健康に注意してください。

加給年金②（厚生年金）

離婚するなら六五歳になってから！

◉被保険者が六五歳になる二日前がポイント

厚生年金の受給資格期間を満たしており加入期間が二〇年以上ですと、配偶者がいる場合は、加給年金が支給されますが、独身の場合は加給年金はありません。52頁で六五歳になる二日前までに婚姻届を提出すると加給年金の対象になると説明しました。

加給年金の対象になっている配偶者が六五歳になると、加給年金はなくなり、配偶者に振替加算がつくようになります。この振替加算は、一度加算されると終身加算され続けます。

もし、加給年金の対象になっている配偶者が離婚を考えているのであれば、六五歳経過後に離婚すると年金法上は得になります。

一般的な厚生年金のもらい方と離婚

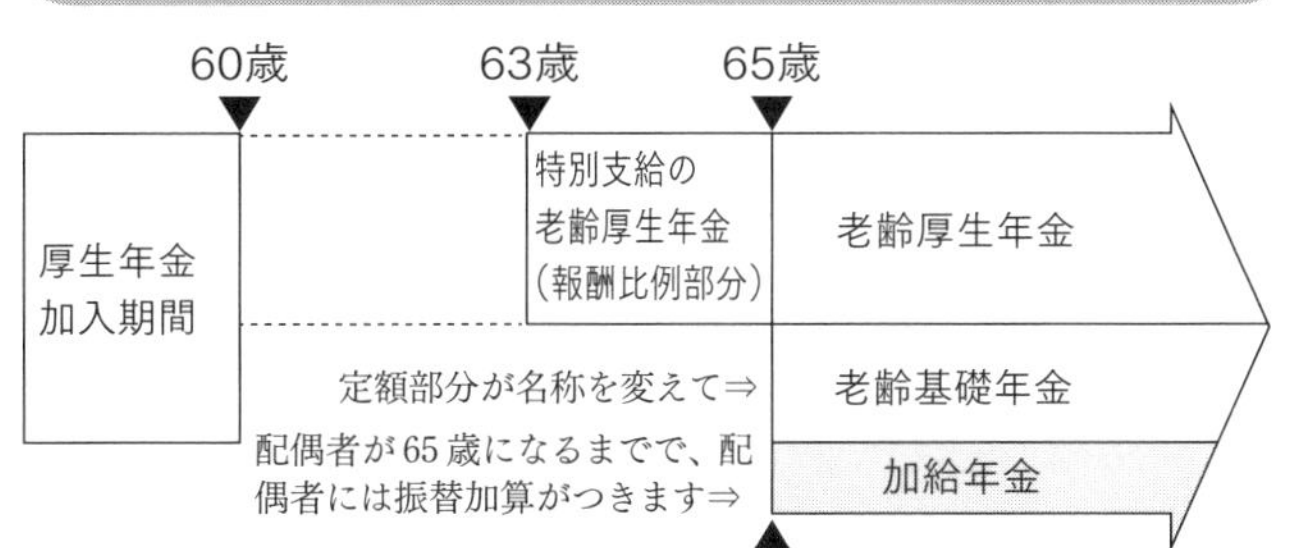

※離婚に伴う老齢厚生年金の分割制度もあります。

老齢厚生年金

受給開始年齢からすぐにもらうのがお得！

◉いつからもらった方が得か

老齢厚生年金の得するもらい方は、受給開始年齢になったらすぐにもらうことです。これは大事なポイントで、支給開始を引き上げるということではありません。繰り返しになりますが、国民年金は早くもらうと減額されますが、厚生年金に減額はありません。そのため、受給開始年齢になったらすぐにもらうのが得なのです。

ただし、在職しますと「在職老齢年金」となり、減額（繰上げの減額ではありません）の対象になる場合があるので注意してください。

◉原則として厚生年金に繰上げ制度はない⁉

よく「厚生年金を六五歳前にもらうと将来も減額されるので六五歳からもらうのが得ですね？」と聞いてくる方が多いのですが、これは国民年金（老齢基礎年金）のことで、厚生年金には原則繰上げ制度はありませんので、勘違いされないように注意してください。

ただし、厚生年金の受給開始年齢は段階的に引き上がっていて、今年度厚生年金を受給できるのは、女性は六一歳、男性は六三歳で受給権が発生している方です。
わかりづらいですが、厚生年金の場合、女性は六一歳、男性は六三歳に受給開始年齢が引き上がっただけで、六一歳、六三歳からもらっても報酬比例部分がきちんと全額支給されます。ただし、受給開始年齢到達前にもらう場合は、繰上げとなり減額されます。一方、国民年金では、六三歳で受給すると、八八％支給となります。ここが厚生年金と国民年金の大きな違いです。

ただ注意が必要なのは、厚生年金の受給開始年齢到達以降も在職して厚生年金に加入していると在職老齢年金になってしまうことです。この場合、賃金等と老齢年金が相殺されてしまい、老齢年金が支給停止や一部停止等になる場合があります。つまり、働いた分だけ、年金が減額されてしまうようなものなのです。もっとも、年金知識を駆使すれば、この在職老齢年金をできるだけ多くもらえる方法があります、詳しくは82頁を参照してください。賃金も年金もすべてもらう方法を示しています。また、厚生年金は男性六三歳から、女性六一歳からもらっても減額されないといったのは、厚生年金のうちの報酬比例部分です。定額部分については、六五歳からは国民年金になっています。もし国民年金を六〇歳から受給すると三割もカットされますので注意してください。年金には、次頁の表のように、二つの内訳がありますので、その内訳を正しく理解しておきましょう。

公的年金のもらい方の一般例

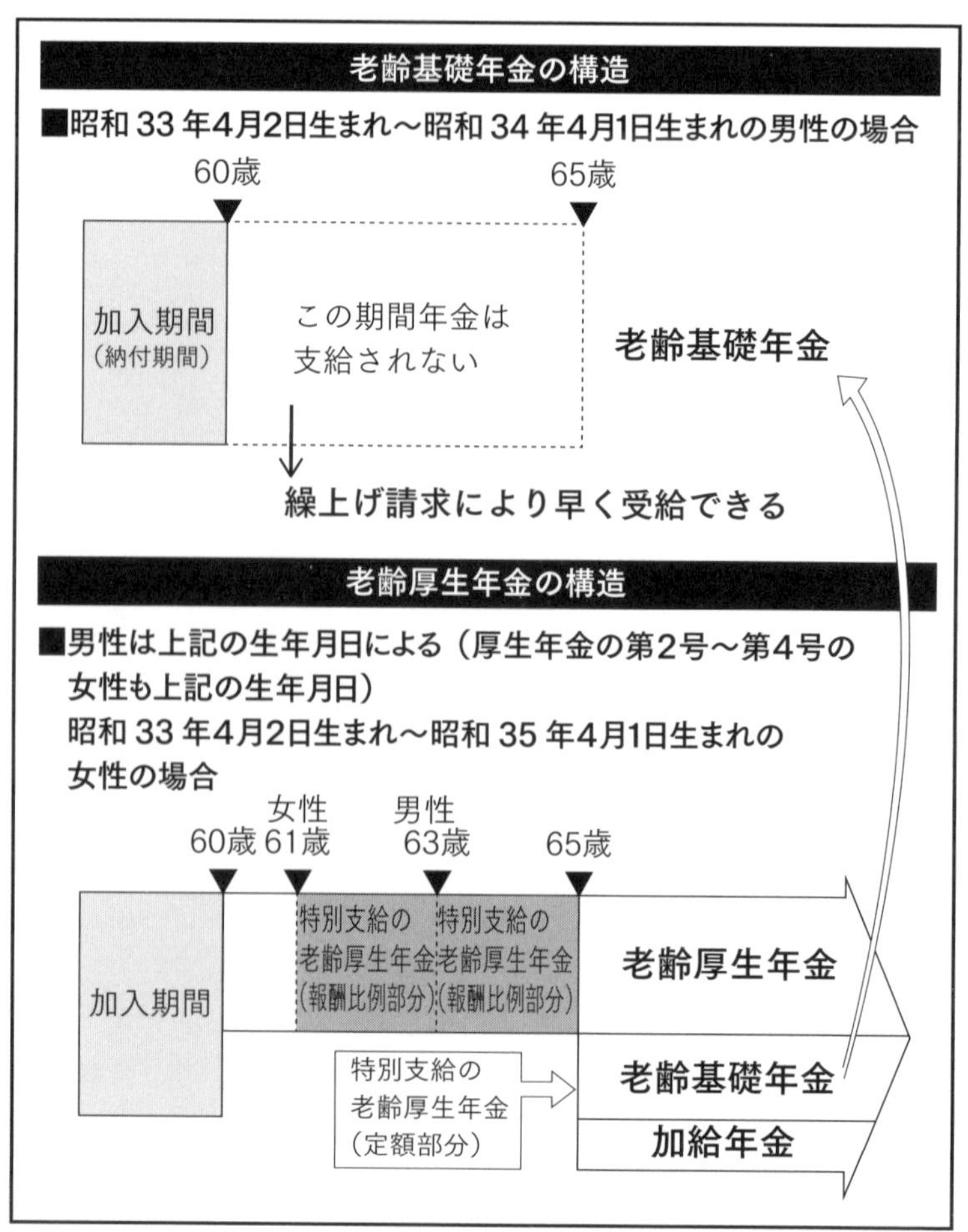

※以前は厚生年金の受給開始年齢は 60 歳からだったが、受給開始年齢が 65 歳に引き上げられたことにより、男性で昭和 16 年4月2日以降生まれ、女性で昭和 21 年4月2日以降生まれの人より、段階的に受給開始年齢が引き上げられていく経過措置がとられている。

※第2号〜第4号厚生年金被保険者である女性は男性の生年月日と同じ。

受給開始年齢（厚生年金）

受給開始年齢の引上げに注意？

◉定額部分と加給年金は六五歳から

厚生年金は、すべて（定額部分＋報酬比例部分＋加給年金の合計）が、六〇歳から受給できていましたが、定額部分と加給年金の受給開始年齢が引き上げられ、最終的には六五歳からとなってしまいました。

そのため現在は男性六三歳から、女性六一歳（生年月日上）から支給される特別支給の厚生年金は、報酬比例部分のみになっています。

とはいえ、受給しても減額されない報酬比例部分の年金はしっかりもらうのがお得です。特別支給の受給開始年齢になったら、すぐに受給するようにしましょう（ただし、在職老齢年金には注意！）。女性は六一歳から可能です（加給年金は除いてあります）。

厚生年金の通常受給の女性の場合

〔昭和 33 年4月2日～昭和 35 年4月1日生まれまでの**女性**の場合〕

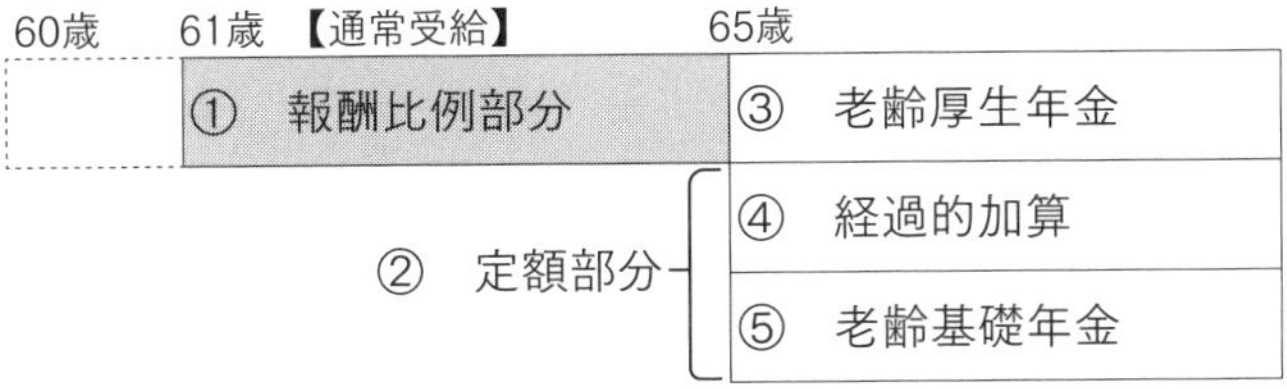

60歳	61歳【通常受給】	65歳
	①　報酬比例部分	③　老齢厚生年金
	②　定額部分	④　経過的加算
		⑤　老齢基礎年金

※上記の生まれの方には、それ以前の方にはある「②定額部分」がありません。厚生年金は定額部分と報酬比例部分の合計ですが、生年月日に応じて変わっているので 40 頁を参照してください。65 歳前に定額部分が支給されるのは昭和 24 年4月1日生まれまでの男性と昭和 29 年4月1日生まれまでの女性です。

加給年金③（厚生年金）

妻や一八歳未満の子がいると加給年金がつく

◉受給資格期間二〇年以上で被扶養配偶者がいる場合

報酬比例部分と定額部分を合わせた額の老齢厚生年金を受けられるようになったとき、厚生年金で二〇年以上の加入期間があり、さらに生計を共にする配偶者や一八歳到達年度の末日までの子（障害等級一・二級の状態にある場合は二〇歳未満の子）がいると、加給年金がつきます。また配偶者の場合には52頁のような特別加算が付き非常に有利です。

どのくらいの加算額になるかは、受給権者の生年月日によって違いますが、ほとんどの方が昭和一八年四月二日以降だと思いますので、年額三九万五〇〇円になります。一般的には妻（事実婚でも可能）が六五歳になると加給年金の受給権がなくなりますが、代わりに妻の国民年金（老齢基礎年金）に生年月日に応じた振替加算が加算されます。ただし、妻の年収が八五〇万円未満でないと加給年金は支給されません。とはいえ、妻の年収が八五〇万円以上でも受給期間の五年以内に八五〇万円未満になる見込みがあれば当初から加給年金が支給されます。たとえば社長の妻の年収が一〇〇〇万円なら、議事録（役員総会等）で八〇〇万円になるという書類を添付できれば加給年金が付き非常に有利になります。

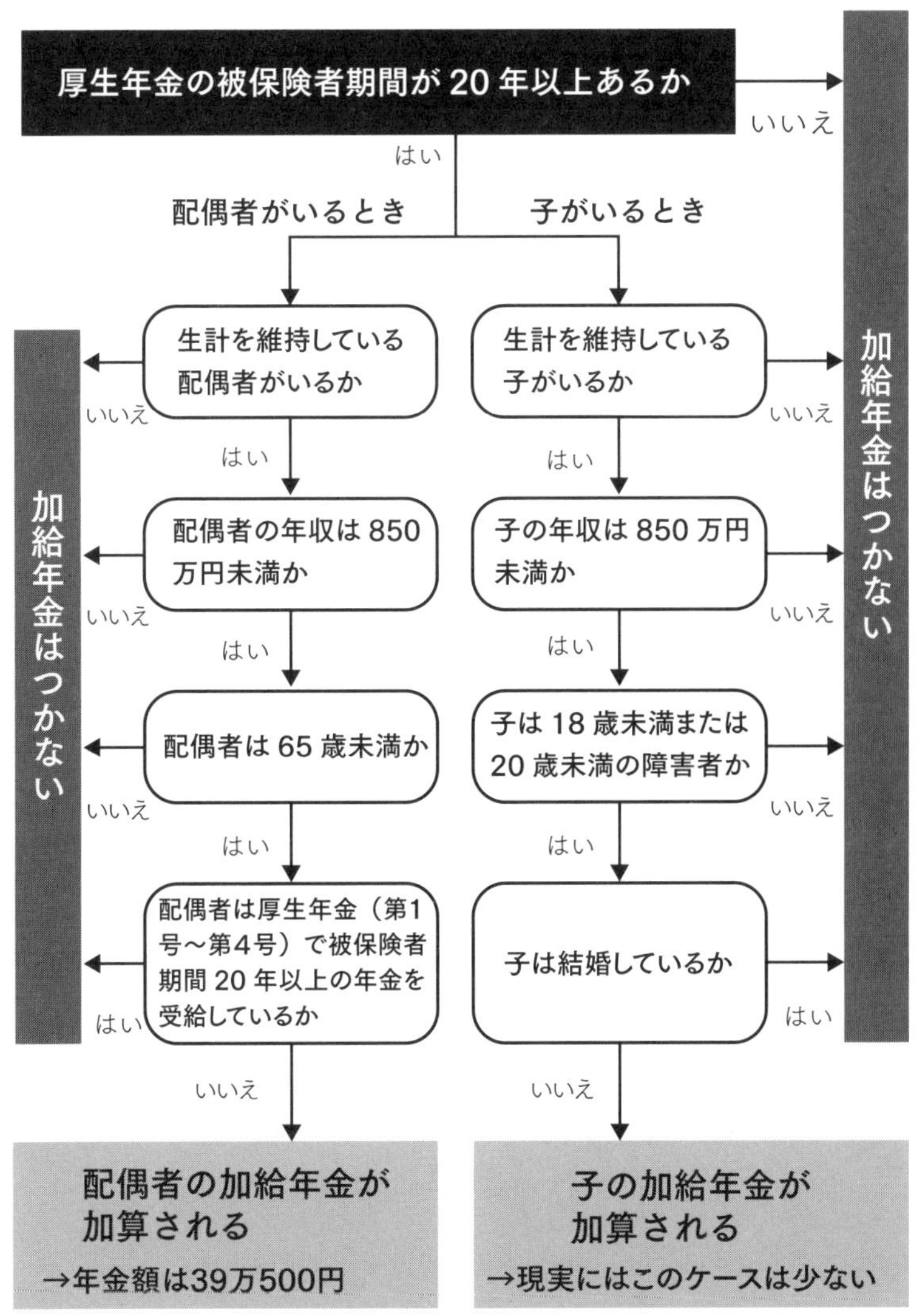

※平成 27 年 10 月から共済年金が厚生年金になったので、厚生年金期間とそれ以前の共済年金期間の合算が 20 年以上でも加給年金は受けられることになりました。

年金の時効

年金は五年を超えると時効！（厚生年金）

◉数年間の厚生年金加入をムダにしない

今年度、厚生年金の受給権が発生している方は、女性が六一歳で、男性は六三歳です。特に女性は学校を卒業し結婚するまで民間の会社に勤務することが多く、厚生年金に数年加入してから結婚退職後は国民年金に入っている方が多いようです。そのため六五歳になってから年金受給の手続きをとる方が多いのです。しかし、たとえ数年間の厚生年金でも特別支給の老齢厚生年金は女性で六一歳から受給でき減額（会社に勤務しないと在職老齢年金になりません）されません。しかも、後で気付いて六七歳になってから、六一歳から六六歳までの六年間の年金を請求しても、五年超の年金は時効になるので、五年よりも前の年金はもらえず、損してしまいます。

厚生年金の期間（1年以上）のもらい方・女性の例

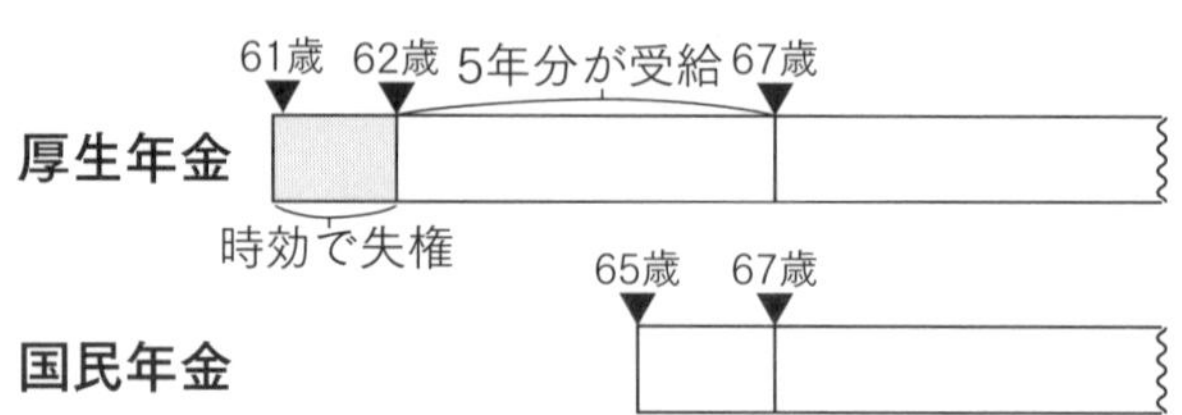

67歳で初めて手続きすると、厚生年金の1年分は時効のためもらえません。

加給年金④

共働きの場合、どうすればお得か？（厚生年金）

◉どちらか一方の加入期間を一九年一一カ月内に

加給年金の年金額は高額で、厚生年金に約一〇年加入した金額に相当します。

そのためぜひもらいたい年金なのですが、注意点があります。それは夫婦とも共働きの場合です。厚生年金への加入期間が夫婦とも二〇年以上になると、加給年金の受給権が原則なくなります。

対策としては、夫婦どちらか一方の厚生年金期間を一九年一一カ月までにして、後は国民年金に加入することです。ただし、配偶者が年上だと加給年金が出ないので注意が必要です。

加給年金のもらい方（妻が年上の場合）

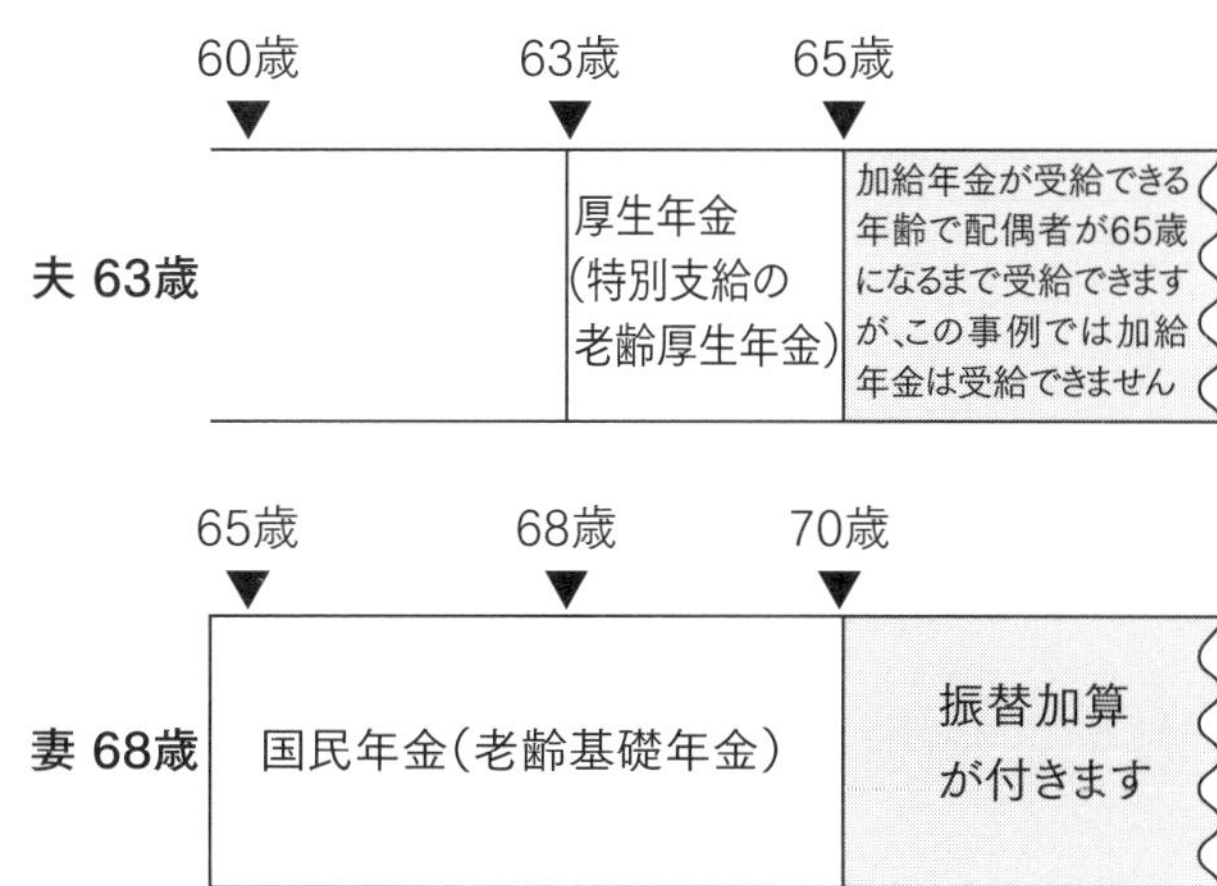

夫は 65 歳で加給年金をもらえる年齢になりますが、妻が 65 歳以上になっているのでもらえません。ただし、妻はこの事例では、夫が 65 歳になるとその時から振替加算が付きます。

加給年金⑤（厚生年金）

年金法上夫は年上、妻は年下がいい!?

◉再婚するならできるだけ若い女性

加給年金の中でも非常に得になるケースは、年下の妻です。夫が厚生年金に二〇年以上加入していて六五歳になった時、本人に加給年金が支給されます。つまり、年下の妻の場合、妻が六五歳に達するまでの長期にわたり本人が加給年金をもらえることになります。

一方、妻が年上の場合、夫が六五歳になってももらえないので、年金法上は損なケースになります。たとえば、妻が下図のように二〇歳年下の場合は、夫が六五歳になった時、妻は四五歳なので、夫には妻が六五歳になるまでの二〇年間、加給年金がつきます。妻が六五歳になると加給年金はなくなりますが、その代わりに加給年金ではない振替加算が妻につきます。だから男性が晩婚や再婚する場合は、できるだけ若い女性を選んだほうが年金法上は得です。ただし、昭和四一年四月二日以降生まれには振替加算はありません。

加給年金のもらい方（妻が年下の場合）

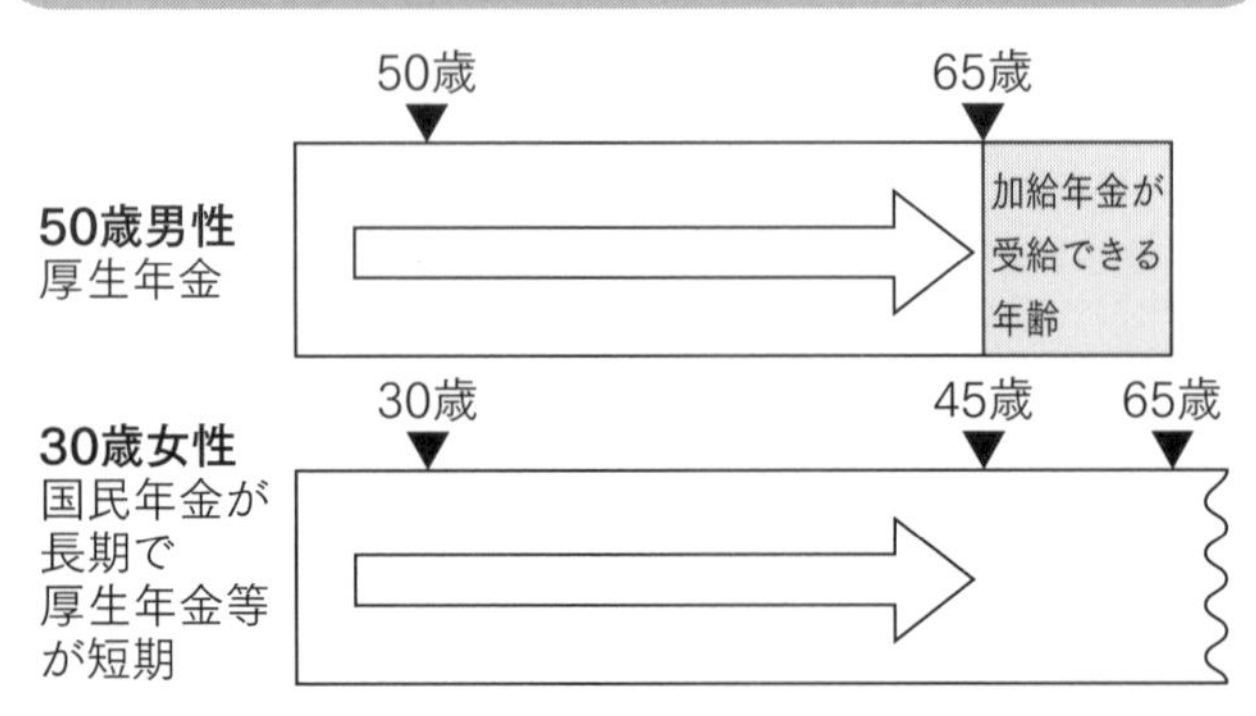

加給年金⑥

年上妻や共稼ぎには不利！（厚生年金）

◉年上妻や共稼ぎには支給されない

もう一度、加給年金のおさらいをします。加給年金は、厚生年金の加入期間が二〇年以上ある本人に支給されます。ただし、その配偶者の収入が八五〇万円以上だと加給年金は支給されません。

また、加給年金は、受給資格のある方が、六五歳になった時に受給できます。そのため、受給資格があっても、その方の配偶者が年上の場合、その本人には支給されません。年上の妻の場合には一回も加給年金はもらうことはできないのです（ただし、配偶者が七〇歳、本人が六五歳になると、63頁の事例の場合、配偶者に振替加算がつきます）。

また、共稼ぎで、夫婦とも厚生年金に二〇年以上加入していると、どちらも加給年金が停止になります。つまり、加給年金は、どちらか一方は厚生年金の加入期間が二〇年未満でなくてはならないのです。そう考えると、共働きは損していると言わざるをえません。

では、どうすれば損を少なくできるのか。やはり、健康を保って長生きをすることに限ります。

加給年金⑦（厚生年金）

配偶者の収入制限はこうクリアする！

◉受給には所得制限がある

厚生年金にある加給年金を受給するためには、次の二つのポイントがあります。

一つは、加給年金の受給にかかる収入制限があり、それは受給権者本人ではなく、受給権者の配偶者が対象であることです。

二つ目のポイントは、その配偶者の収入制限とは、具体的には年収八五〇万円未満であることです。

年金請求書に生計維持証明の収入関係欄があり、そこに請求者によって生計維持されている者（配偶者や一八歳到達年度の末日までの子等）の収入を求めています。

ここでの収入制限は、年収八五〇万円（所得六五五万五〇〇〇円）未満になっています。

◉加給年金を請求する場合の記入例

さて、例を挙げて説明しましょう。加給年金を請求するには、次頁のような収入関係欄の記入をしなければなりません。

もし、あなたの配偶者の収入が九〇〇万円なら、記入欄での「配偶者の年収は八五〇万円未満ですか」の問いでは「いいえ」となります。

さらに、「いいえ」と答えた人への質問として、収入関係の一番下に、「五年以内に八五〇万円未満となる見込みがありますか」の問いがあります。もし、あなたがここでも「いいえ」と記載すると、加給年金がもらえない可能性が高くなります。

では、どうすればいいかというと、この時、この下の質問に対して、とりあえず「はい」と書いておくのです。そして、今後五年以内には八五〇万円未満になるといった書類（会社員は就業規則、役員は議事録の写し等）を添付すれば、加給年金が受給できることがあります。

つまり、現時点で配偶者が収入制限を超えていても、五年以内に八五〇万円未満になればいいのです。しっかり覚えておいて、得をしましょう。

収入関係欄の一例

年金を受ける人によって生計維持されている配偶者や子がいる場合

(1)　該当するものを○で囲んでください(3人目以降の子については、余白を使用してご記入ください)。

配偶者または子の年収は、850 万円未満ですか。		機構確認印
配偶者について	はい　・　(いいえ)	(　　)印
子（名：　　　）について	はい　・　いいえ	(　　)印
子（名：　　　）について	はい　・　いいえ	(　　)印

「はい」を○で囲んだ方は、添付書類が必要です。

(2)　(1)で配偶者または子の年収について「いいえ」と答えた方は、配偶者または子の年収がこの年金の受給権（年金を受け取る権利）が発生したときから、おおむね5年以内に 850 万円（所得 655.5 万円）未満となる見込みがありますか。

(はい)・　いいえ

「はい」を○で囲んだ方は、添付書類が必要です。

令和　　年　　月　　日提出

厚生年金基金

独自の加算があり大変お得！

◉厚生年金基金は報酬比例部分を担当

厚生年金基金という言葉が出てきましたが、初めて聞く方もいらっしゃるかもしれません。次頁の表でいうところの「報酬比例部分」を担当しているところです。

厚生年金基金の加入がある方の報酬比例部分は、厚生年金基金が代行して支給します。会社に勤務すると厚生年金に加入しますが、この時、その会社が厚生年金基金に加入している場合は自動的に基金に加入したことになります。この基金に入っていると、基金独自の年金とプラスαが受給できるので、基金に加入していない方よりも有利になります。

一方、次頁の表の定額部分と加給年金は国から支給されるものです。

◉加入期間は一カ月からでもいい

厚生年金基金への加入期間が一〇年以上なら、報酬比例部分の年金は基金から出ます。それに対して、これらの年数に達してない方（加入期間が一カ月以上一〇年未満）は、企業年金連合会から受給できます。ただし、代行部分（報酬比例部分）を代行返上して国に戻した会社の場合は、国に請求することになるので注意が必要です。一方、基金が代行返上ではなく解散（破綻など）した場合は一〇年以上でも連合会からの受給になります。つまり、解散すると、すべて連合会に移行されるのです。ただし、平成二六年四月以降の解散については、代行部分は国から支給となります。

また、加入期間が一〇年以上の方に基金から支払われる加算年金は、終身支給されますが、もし被保険者が受給前、あるいは受給後一五年以内に死亡した場合でも、基金の規約によって違いますが、一五年保障になっていた場合は一五年分は保障されるため、受給前なら一五年分、受給後なら、一五年になるまでの残りの期間、遺族へ「遺族一時金」として支払われます。これは、大変お得です。

厚生年金基金の詳細

厚生年金で会社が基金に加入していない

厚生年金で会社が基金に加入している

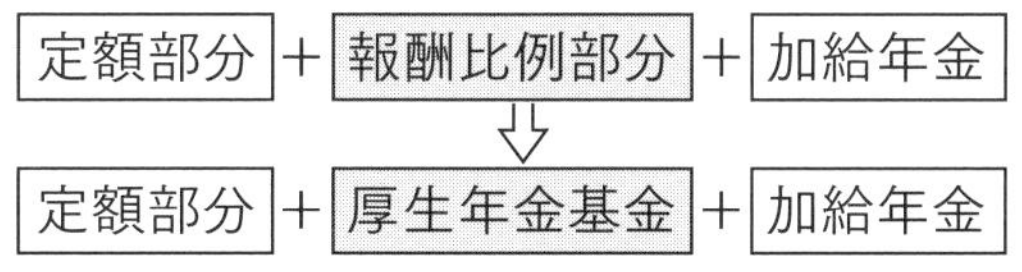

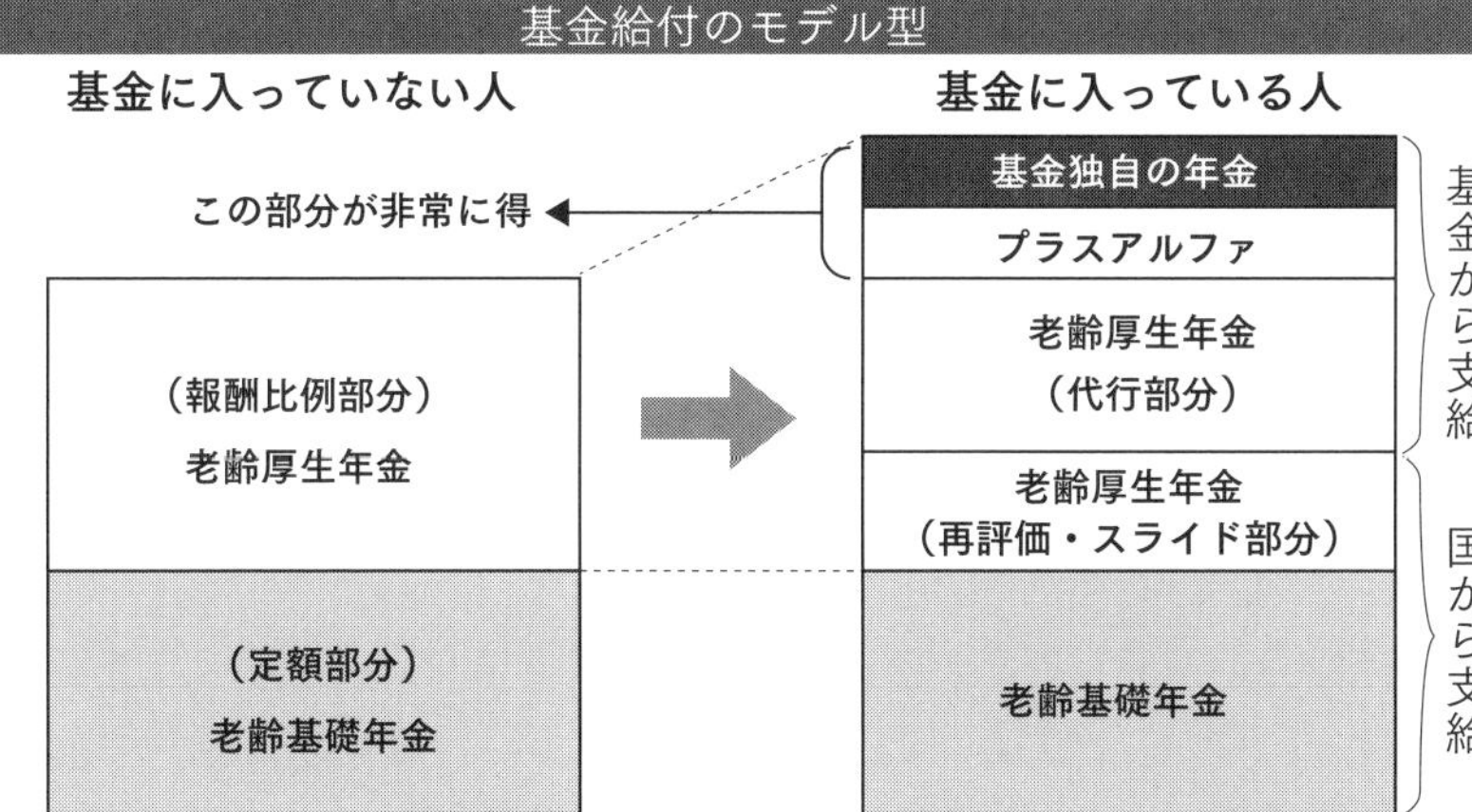

繰上げ制度

通常受給か繰上げか、決め手は寿命

年金は通常受給か繰上げのどちらかを選択できます。どれが得かはその方の寿命で決まります。

◉受給開始年齢は生年月日、男女別で違う！

受給開始年齢の引き上げに伴い、六五歳前に受給できる定額部分と報酬比例部分が生年月日、男女により違いがあります。

従来受給方法は「通常受給・全部繰上げ・一部繰上げ」の三通りありました。男性でも、団塊世代の方で年金請求をする時は、以前は二または三通りの選択肢がありました。ただし、これは、定額部分が六五歳前に受けられる方の場合です。令和三年度に六〇歳になる方など、六五歳になるまで定額部分がない方は、一部繰上げができなくなり二通りになりますが、長期特例や障害者特例に該当する方は、一部繰上げも可能です。

これらの選択肢を計算して有利な年金額になるものを選ぶことが大切ですが、人の寿命はわかりません。一般的には通常受給を選ぶ方が多いです。得か損かは本人の余命を考えて選ぶしかありません。

受給方法の選択肢は？

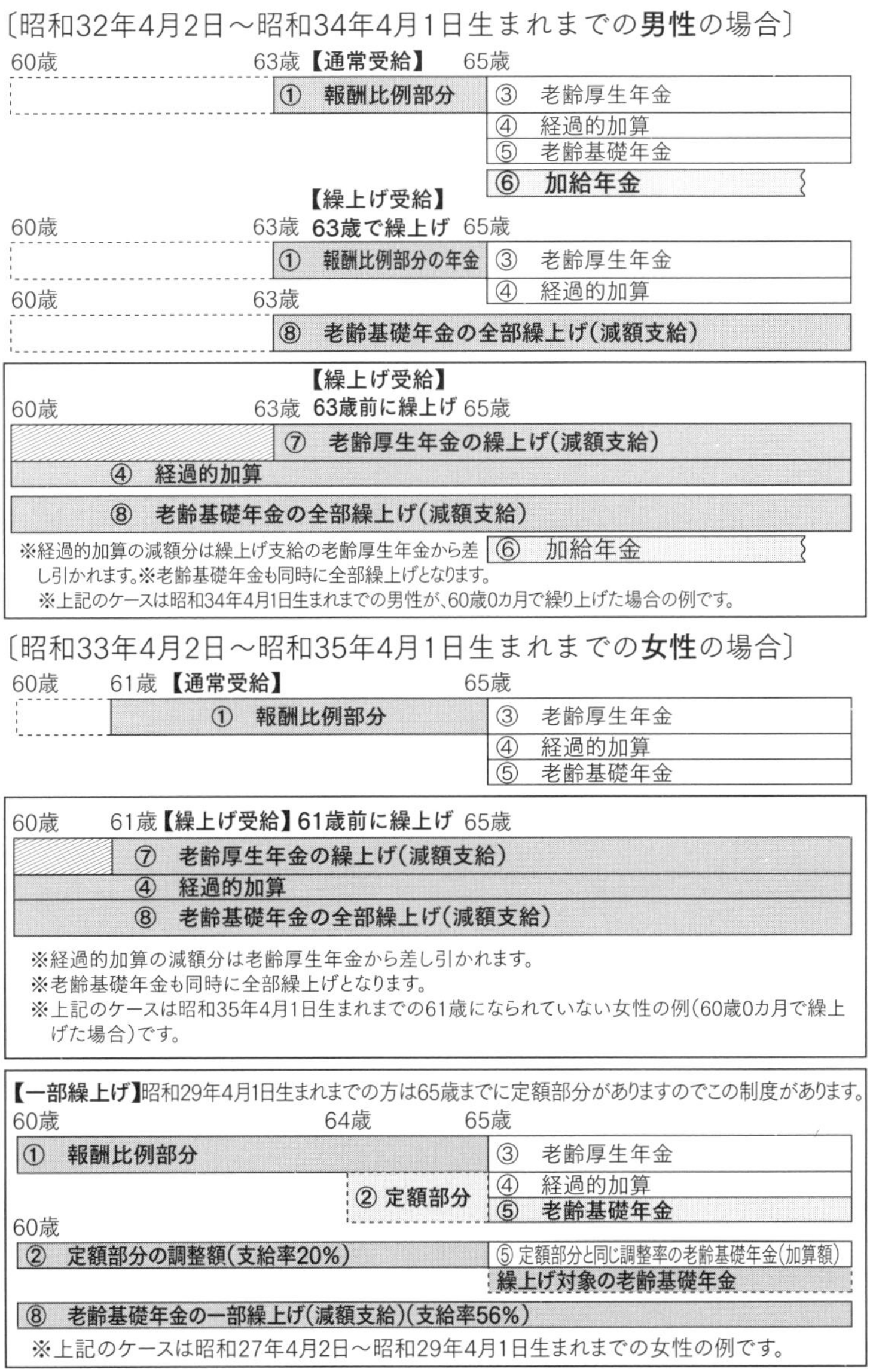

〔昭和32年4月2日～昭和34年4月1日生まれまでの**男性**の場合〕

60歳　63歳【通常受給】65歳

① 報酬比例部分
③ 老齢厚生年金
④ 経過的加算
⑤ 老齢基礎年金
⑥ 加給年金

【繰上げ受給】
60歳　63歳　63歳で繰上げ　65歳

① 報酬比例部分の年金
③ 老齢厚生年金
④ 経過的加算

60歳　63歳

⑧ 老齢基礎年金の全部繰上げ（減額支給）

【繰上げ受給】
60歳　63歳　63歳前に繰上げ　65歳

⑦ 老齢厚生年金の繰上げ（減額支給）
④ 経過的加算
⑧ 老齢基礎年金の全部繰上げ（減額支給）
⑥ 加給年金

※経過的加算の減額分は繰上げ支給の老齢厚生年金から差し引かれます。※老齢基礎年金も同時に全部繰上げとなります。
※上記のケースは昭和34年4月1日生まれまでの男性が、60歳0カ月で繰り上げた場合の例です。

〔昭和33年4月2日～昭和35年4月1日生まれまでの**女性**の場合〕

60歳　61歳【通常受給】　65歳

① 報酬比例部分
③ 老齢厚生年金
④ 経過的加算
⑤ 老齢基礎年金

60歳　61歳【繰上げ受給】61歳前に繰上げ　65歳

⑦ 老齢厚生年金の繰上げ（減額支給）
④ 経過的加算
⑧ 老齢基礎年金の全部繰上げ（減額支給）

※経過的加算の減額分は老齢厚生年金から差し引かれます。
※老齢基礎年金も同時に全部繰上げとなります。
※上記のケースは昭和35年4月1日生まれまでの61歳になられていない女性の例（60歳0カ月で繰上げた場合）です。

【一部繰上げ】昭和29年4月1日生まれまでの方は65歳までに定額部分がありますのでこの制度があります。

60歳　64歳　65歳

① 報酬比例部分
② 定額部分
③ 老齢厚生年金
④ 経過的加算
⑤ 老齢基礎年金

60歳

② 定額部分の調整額（支給率20%）
⑤ 定額部分と同じ調整率の老齢基礎年金（加算額）
繰上げ対象の老齢基礎年金
⑧ 老齢基礎年金の一部繰上げ（減額支給）（支給率56%）

※上記のケースは昭和27年4月2日～昭和29年4月1日生まれまでの女性の例です。

雇用保険

老齢厚生年金と基本手当（失業給付）を両方もらう方法がある

◉ポイントは六五歳になる二日前に退職

一般的に、特別支給の老齢厚生年金（報酬比例部分等）と雇用保険の基本手当は両方もらえないのが原則ですが、実は両方もらえる方法があります。

まず、老齢厚生年金の報酬比例部分と雇用保険の基本手当についての基本的な考え方を説明します。

老齢厚生年金の報酬比例部分と雇用保険の両方の受給資格がある場合、優先されるのは雇用保険です。

また、雇用保険の受給には、「働く意思」「健康であること」「四週二回程度求職活動をしていること」の三つの要素をクリアしなくてはなりません。

さらに、気をつけたいのは、雇用保険は、六五歳未満で退職しないと、給付日数が下がってしまうことです。

最近では、退職するのは六〇歳ではなく、六五歳、六六歳、六七歳くらいでリタイヤする方がほとんどです。

しかし、これでは前述したように雇用保険の給付日数が下がってしまい損になります。

つまり、六五歳未満のぎりぎりで退職しておき、六五歳以上になって基本手当と老齢厚生年金をもらうのが賢いやり方です。

たとえば、六五歳未満として認められるのは六五歳になる二日前までです。ここで退職し、各種の書類をもってハローワーク（職安）に行くと、その時には六五歳以上になっていますので、両方もらえます。六五歳になってから退職すると高齢被保険者になってしまい、一時金の五〇日分または三〇日分が出るだけになります。

得するポイントは、六五歳になる少し前で退職し六五歳になってからハローワークに行くことです。

基本手当の日額を算定するには

賃金日額＝離職の日からさかのぼって6カ月間の賃金総額 / 180日（30日×6カ月）

基本手当日額＝賃金日額×賃金日額に応じた率（原則45%～80%）

●賃金日額および基本手当日額の上限は離職時の年齢によって定められています。

定年や自己都合による離職

年齢＼加入期間	1年以上10年未満	10年以上20年未満	20年以上
全年齢（65歳未満）	90日	120日	150日

65歳になって退職すると、高年齢受給資格者になって、左記の日数は使用できません。65歳になる2日前までに退職すれば65歳未満に該当します。

高年齢雇用継続給付

六五歳になるまで働く人に支給！

◉六〇歳以降も働くなら

六五歳になるまで現役でいたい――そんな意欲のある方にオススメなのが、高年齢雇用継続給付です。これは、雇用保険の中の給付の一つで、雇用保険の基本手当を受給しないで継続して雇用、または次の会社に勤務する時に支給されます。

六〇歳到達時の賃金と、その後にもらえる賃金月額を比べてみて、支給対象月の賃金が七五%未満に下がった場合にハローワークから支給されます。雇用保険の被保険者期間が五年以上ある方なら、六〇歳以上六五歳の誕生月まで受給可能となります。

65歳くらいまで勤務する場合の一例

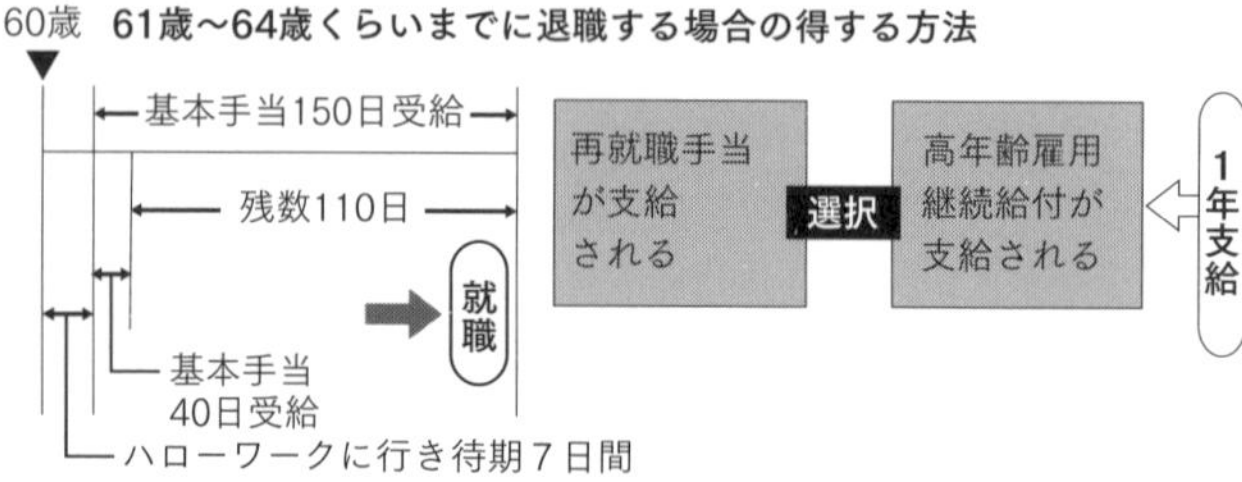

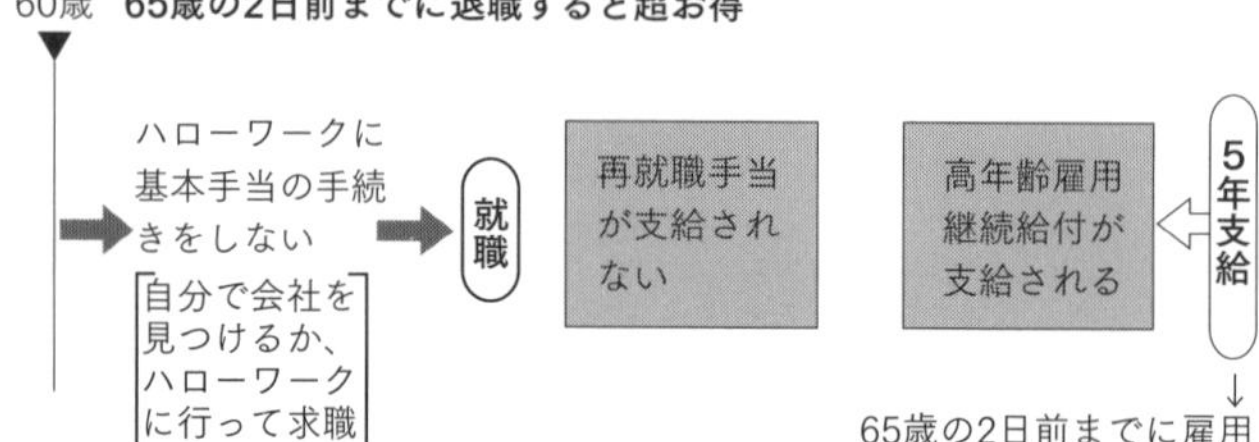

※高年齢雇用継続給付金等と賃金の上限合計は365,055円、令和３年８月に変更になります。

六五歳の退職

雇用保険が一時金になるので注意！

◉六五歳を迎えて退職すると損になる

六〇歳から六五歳未満の間は、老齢厚生年金と雇用保険の基本手当は両方もらうことができないことは、前に説明した通りです。

ここで、この二つは何歳になっても両方もらえないと勘違いしている方が多いのですが、実は六五歳以上になると両方もらえるのです。

ただし、六五歳になって退職すると、雇用保険は基本手当として毎月出るのではなく、五〇日分または三〇日分の一時金になってしまうので損になります。

74頁・77頁を参照し、一番得になる退職の仕方をぜひ実行してください。

損をするケースに注意

（イ）65 歳未満で退職すると、基本手当が優先なので両方はもらえない。

（ロ）65 歳以上で退職すると、高齢被保険者になるので、90 日、120 日、150 日の支給日数は適用されない。

（ハ）65 歳未満は一般被保険者になるが、65 歳の前日で退職しても 65 歳の退職になる。

（ニ）60歳以上は一般的に1年更新の嘱託契約になり5回目の契約書でちょうど 65 歳になる人。

有利な方を受給

老齢厚生年金が雇用保険より多額の場合

◉求職の申し込みをしなければ年金が支給される

六五歳になる前に退職すると、特別支給の老齢厚生年金と雇用保険の基本手当のどちらか一方を選択することになります。基本手当を優先して受給するケースが多く、この場合、年金は支給停止となります。

両者を比較し年金のほうが有利な場合には、ハローワークに求職の申し込みをしなければ年金は全額支給されます。求職の申し込みをすると、その翌月から年金は全額支給停止となるので注意してください。ただし、基本手当が一日も支給されない月の年金は停止されず、約三カ月後にその月分が支給されます。

基本手当と厚生年金（老齢）を比較

61歳▼　両者を算出し、有利な方を受給

基本手当

基本手当受給

基本手当受給中は調整の対象となり、その期間は特別支給の老齢厚生年金は支給停止になります。

65歳▼

年金

特別支給の老齢厚生年金支給停止	特別支給の老齢厚生年金支給	老齢厚生年金支給
		老齢基礎年金支給

六〇歳からの再雇用

失業等給付の得するもらい方とは？

◉雇用保険基本手当の給付日数で不利なことも

六〇歳で退職した時、雇用保険の基本手当の給付日数が一五〇日分あるとしたら、ほとんどの方が一五〇日分を消化してから再就職しますが、そうすると、再就職手当や高年齢雇用継続給付が受けられません。再雇用で六五歳くらいまで働く気持ちがある方は、違うメニューを選んだほうが得になります（下の図の㋩の例）。

また六五歳までではなく六三歳、六四歳くらいまで働きたい方も、下図を見て、得になる方法で対処しましょう。

ちなみに、六〇歳で退職して一五〇日分を消化してからリタイヤしようとしても、最初から働く意思がない方は、雇用保険の基本手当を受給することはできませんので注意してください。

高年齢雇用継続給付の仕組み

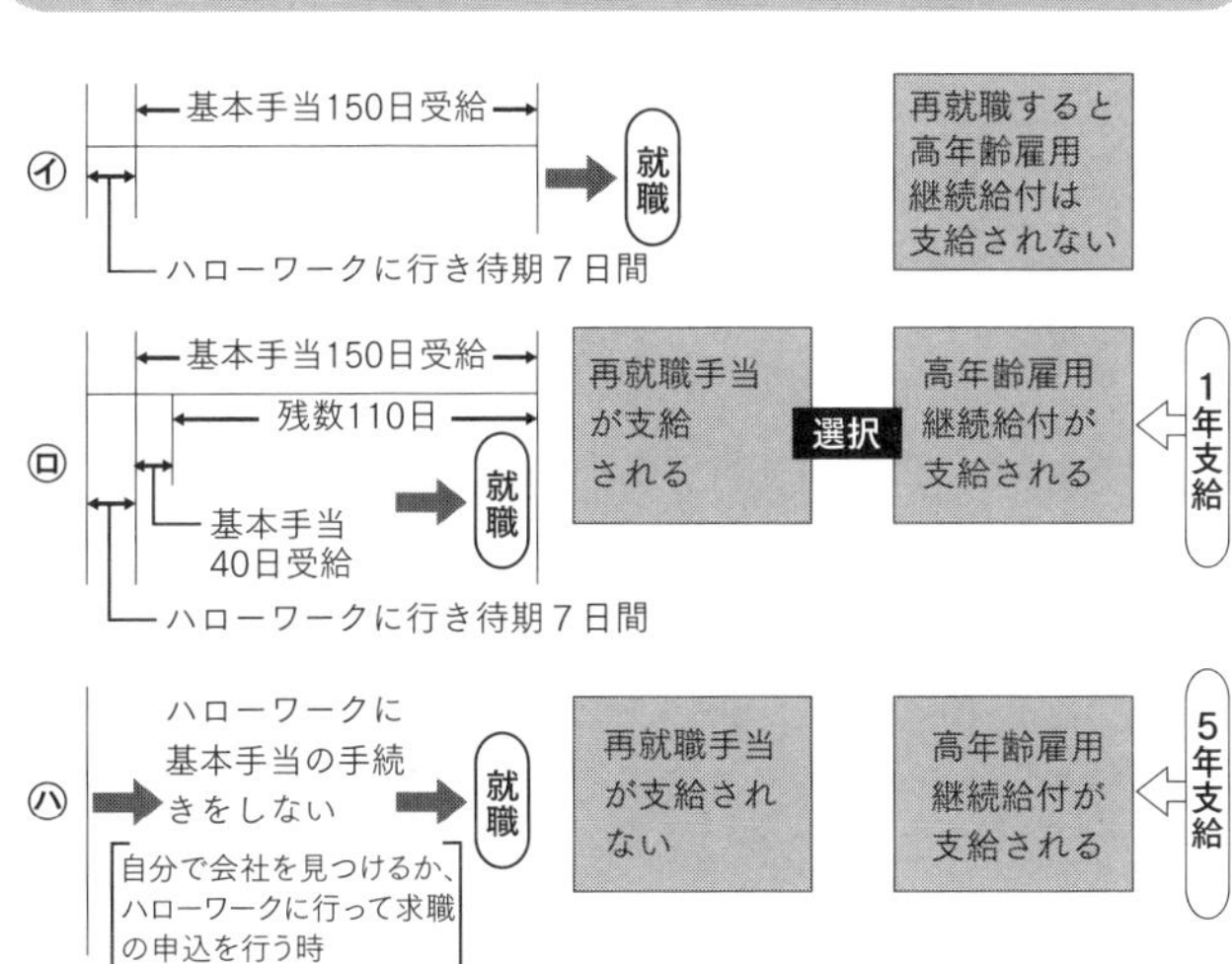

四四年特例

厚生年金四四年以上の加入者が超得する方法

◉四四年以上加入で受給開始年齢が繰り上がる

一般には、次頁の表のように、六一歳から六三歳等で厚生年金の報酬比例部分のみが受給でき、六五歳から定額部分と加給年金が受給になります。

ところが、厚生年金の加入期間が四四年以上の方もいらっしゃいます。もし、六三歳で加入期間が四四年に達している場合、特例で六三歳から定額部分＋報酬比例部分＋加給年金のすべてが受給できます。ただし、この期間にも働き続ける、つまり厚生年金に加入していると、報酬比例部分のみしか受給できません。また、厚生年金に加入のままでは在職老齢年金となってしまい、年金の一部が停止等になる方も多いのです。

そう聞くと、「四四年特例で早くからすべての年金をもらうには、会社を辞めなくてはならない」とあきらめてしまいがちですが、そんな時でも老齢年金を四四年特例ですべて受給できる方法があります（六五歳前に四四年になれば特例が使えます）。それは、労働条件を変えて、勤務日数等を短く設定し、厚生年金に加入しない方法です。働いていても厚生年金に加入できない身分にして労働契約をすればいいわけです（左図の下表①〜④）。

受給開始年齢の引上げの詳細

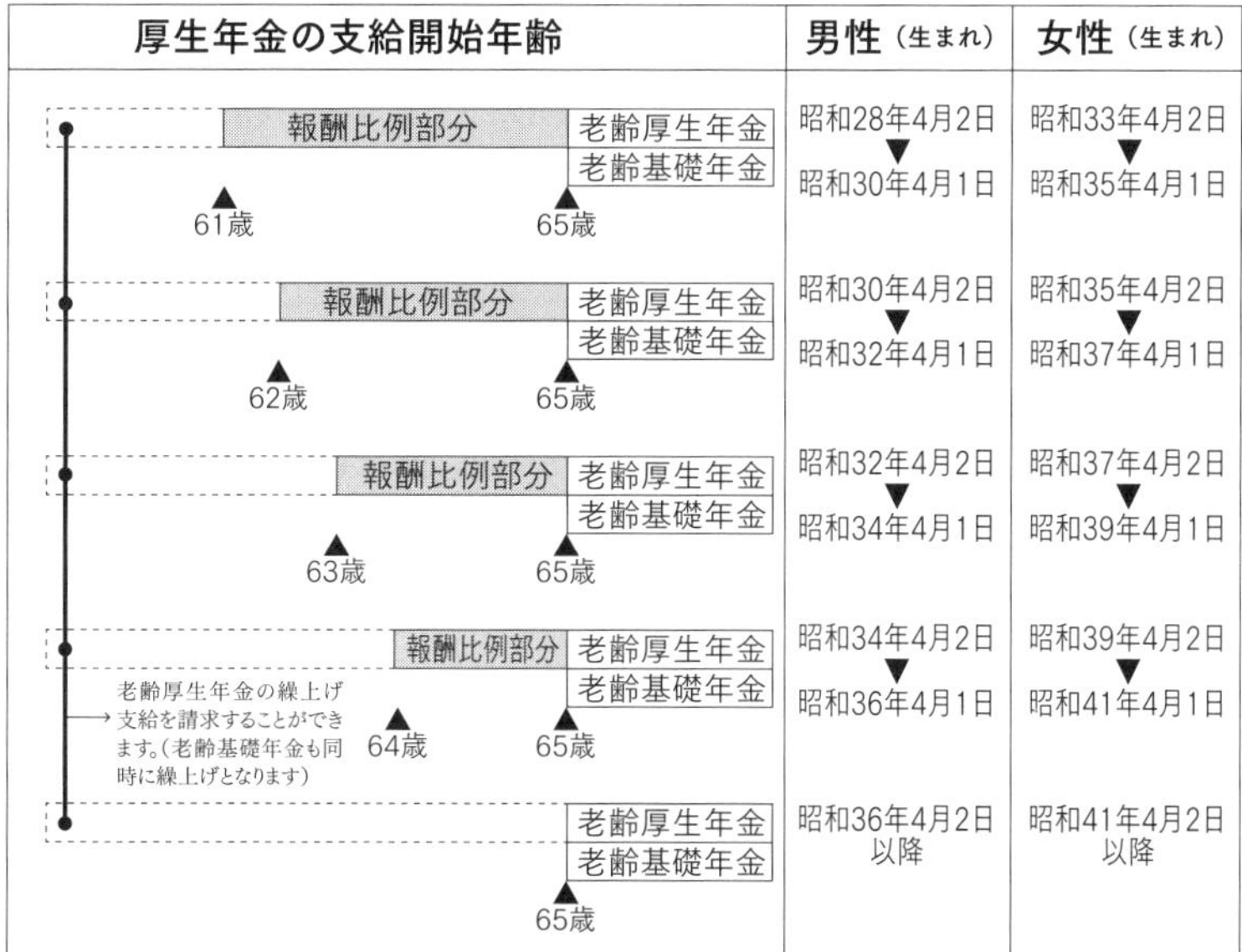

厚生年金の支給開始年齢	男性（生まれ）	女性（生まれ）
61歳 報酬比例部分／65歳 老齢厚生年金・老齢基礎年金	昭和28年4月2日 ▼ 昭和30年4月1日	昭和33年4月2日 ▼ 昭和35年4月1日
62歳 報酬比例部分／65歳 老齢厚生年金・老齢基礎年金	昭和30年4月2日 ▼ 昭和32年4月1日	昭和35年4月2日 ▼ 昭和37年4月1日
63歳 報酬比例部分／65歳 老齢厚生年金・老齢基礎年金	昭和32年4月2日 ▼ 昭和34年4月1日	昭和37年4月2日 ▼ 昭和39年4月1日
64歳 報酬比例部分／65歳 老齢厚生年金・老齢基礎年金	昭和34年4月2日 ▼ 昭和36年4月1日	昭和39年4月2日 ▼ 昭和41年4月1日
65歳 老齢厚生年金・老齢基礎年金	昭和36年4月2日以降	昭和41年4月2日以降

60歳以上でも在職老齢年金にならない

①週５日勤務制の会社に、週３日未満の勤務の方
②１日８時間労働の会社にパートで４時間未満の勤務の方
③毎月 14 日未満の労働契約によって勤務の方
④常勤の役員が非常勤や役員報酬が降給等になった場合

①〜④のどれか一つに該当すれば**原則厚生年金に加入できません。**

→（**一般従業員の２分の１未満位**と考えてください。就業形態に応じて相違する場合がありますので注意してください。㊀毎月14日間の労働契約で賃金総額30万円の場合、一般慣習では賃金が高額なため被保険者になる場合もあります）

※上記の①②③の方も一定の条件があれば適用される場合もあります。

※平成28年10月1日から上記の4分の3未満が2分の1未満になりました。ただし、501人以上の事業所等の要件があります。また、平成29年4月から500人以下の事業所も労使合意に基づき、短時間労働者への適用拡大を可能としています。

※平成27年10月1日から共済年金は厚生年金になっているので、以前は別の共済年金で、その後違う共済年金になったとしても、平成27年10月を過ぎると共済年金期間は遡及して全てが厚生年金になります。そして以前の共済年金と合算して44年以上になれば、この特例が使えますが、同一の共済年金でなければなりません。その場合、第1号と第2号・第3号および第4号の厚生年金では合算して44年の特例は使えないので注意してください。ただし、第2号と第3号の合算では44年の特例は使えます。

報酬比例部分②（厚生年金）

六五歳前から支給されるのでお得！

◉厚生年金加入期間を合算で一年以上に

厚生年金でも受給開始年齢が引き上げられて六五歳になっていますが、経過措置として、男性は昭和三六年四月一日以前、女性は昭和四一年四月一日以前生まれの方は、報酬比例部分が支給されます。

たとえば、国民年金だけですと、受給開始年齢は原則六五歳になります。ところが、この厚生年金の報酬比例部分の特別支給は、厚生年金と平成二七年一〇月からの第二号～第四号の期間も合算で一年以上加入していた方が対象になります。

公的年金への受給資格期間が一〇年以上あり、厚生年金の加入期間が一年未満の場合は、受給開始年齢になるまでに厚生年金期間を合算で一年以上にしておくと、報酬比例部分を六五歳よりも前から受給することができるようになります。厚生年金が一年未満の場合は、一年になるように数カ月勤務したほうが得になります。

令和３年度63歳になる男性の例

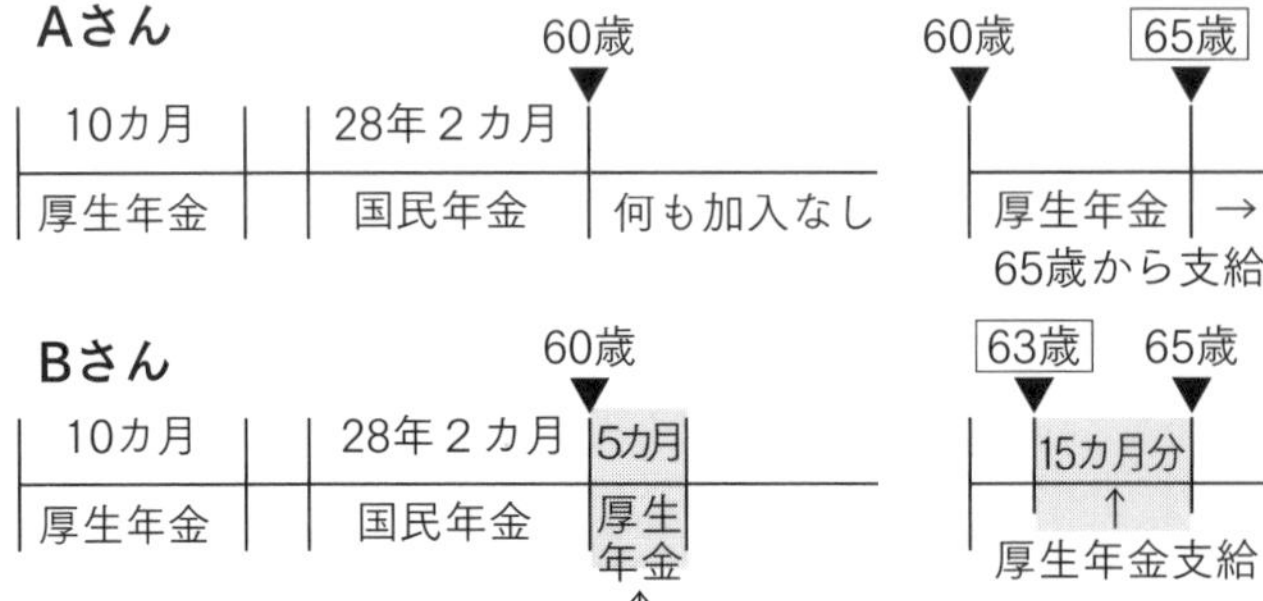

生年月日

一日の差で一年間の支給差になることも

◉六〇歳～六三歳未満でも繰上げできる

昭和三二年四月二日～昭和三四年四月一日生まれの男性は、六三歳からの支給になります（通常受給）。六〇歳～六三歳未満でも厚生年金等の繰上げ請求が可能です。男女別によって厚生年金（報酬比例部分）は受給開始年齢が違います。

男性で昭和三二年四月一日生まれと二日生まれでは一年間支給開始年齢が違います。二日生まれの人で少しでも早くもらいたいなら、六〇歳から六三歳になるまでの間に三六通りの繰上げ方法がありますが、長寿の方は損になり、短命の方は得になります。繰上げは厚生年金と国民年金（厚生年金の定額部分）を一緒にしなければなりませんし、繰上げると一生減額になります。

厚生年金の繰上げ

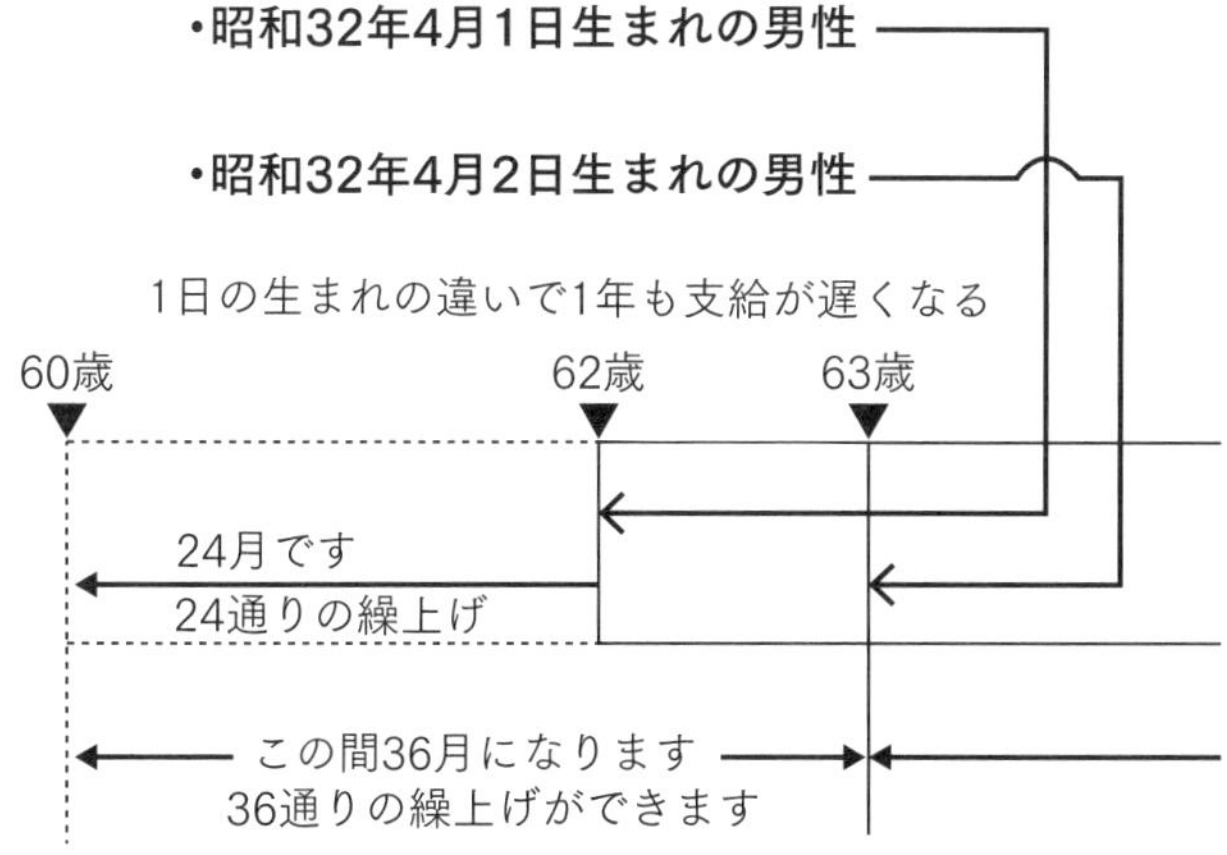

在職老齢年金②

働くと年金額が調整されるので注意

◉得する六〇歳台前半の在職老齢年金のもらい方

受給開始年齢になっても働いていて厚生年金に加入している方は、賃金や賞与の額によって受給する年金額を調整されてしまいます。

これが在職老齢年金になります。厚生年金では、六〇歳台前半（六〇歳から六五歳になるまで）と六〇歳台後半（六五歳以降）では計算式が違います。六五歳以降では得になります。どのような手を打つか79頁も参照してください。

厚生年金の六〇歳台前半で得するケースは、厚生年金に加入しないことです。何度か説明した通り、厚生年金に加入するから在職老齢年金になってしまうので、これを避けるには、厚生年金に加入できない身分になればいいのです。

または次頁の表を見て、年金の減額があまりない賃金に減らしてしまう方法もあります。表は縦が年金月額です。横が税込賃金（標準報酬月額）と前一年間の賞与月額の合計で、これを総報酬月額相当額といいます。

在職老齢年金目安表（令和３年4月以降）

※下記の例では月額 10 万円支給が4万円支給になります。　（単位：円）

総報酬月額相当額＼年金月額	16万円	18万円	20万円	22万円	24万円	26万円	28万円	30万円	32万円	34万円	36万円	38万円	47万円	50万円
1万円	10,000	10,000	10,000	10,000	10,000	10,000	5,000	-	-	-	-	-	-	-
2万円	20,000	20,000	20,000	20,000	20,000	20,000	10,000	-	-	-	-	-	-	-
3万円	30,000	30,000	30,000	30,000	30,000	25,000	15,000	5,000	-	-	-	-	-	-
4万円	40,000	40,000	40,000	40,000	40,000	30,000	20,000	10,000	-	-	-	-	-	-
5万円	50,000	50,000	50,000	50,000	45,000	35,000	25,000	15,000	5,000	-	-	-	-	-
6万円	60,000	60,000	60,000	60,000	50,000	40,000	30,000	20,000	10,000	-	-	-	-	-
7万円	70,000	70,000	70,000	65,000	55,000	45,000	35,000	25,000	15,000	5,000	-	-	-	-
8万円	80,000	80,000	80,000	70,000	60,000	50,000	40,000	30,000	20,000	10,000	-	-	-	-
9万円	90,000	90,000	85,000	75,000	65,000	55,000	45,000	35,000	25,000	15,000	5,000	-	-	-
10万円	100,000	100,000	90,000 C	80,000	70,000	60,000 B	50,000	40,000 A	30,000	20,000	10,000	-	-	-
11万円	110,000	105,000	95,000	85,000	75,000	65,000	55,000	45,000	35,000	25,000	15,000	5,000	-	-
12万円	120,000	110,000	100,000	90,000	80,000	70,000	60,000	50,000	40,000	30,000	20,000	10,000	-	-
13万円	125,000	115,000	105,000	95,000	85,000	75,000	65,000	55,000	45,000	35,000	25,000	15,000	-	-
14万円	130,000	120,000	110,000	100,000	90,000	80,000	70,000	60,000	50,000	40,000	30,000	20,000	-	-
15万円	135,000	125,000	115,000	105,000	95,000	85,000	75,000	65,000	55,000	45,000	35,000	25,000	-	-
16万円	140,000	130,000	120,000	110,000	100,000	90,000	80,000	70,000	60,000	50,000	40,000	30,000	-	-

※グレーに該当した方は全額支給、白色の方は減額される方、「－」に該当の方は全額支給停止になります。また、A → B → C と減額が少なくなる方の例です（一般的に 60 歳になりますと嘱託契約になり、年俸契約で賞与も入り、減額されます）。

※年金月額は生年月日により報酬比例部分のみ及び報酬比例部分と定額部分の合算の 12 分の 1 です。加給年金額を除いた金額です。繰上げ支給の老齢厚生年金を含みます。

※総報酬月額相当額はその月の標準報酬月額＋その月以前の 1 年間の標準賞与額の総額÷ 12 です。

★総報酬月額相当額は時間の経過とともに変わっていきます（昇給や賞与の支払いがあったとき）。

高年齢雇用継続給付金

賃金が減額されると得をする!

◉高年齢雇用継続給付等をもらう

受給開始年齢になってからも勤務すると、老齢厚生年金が在職老齢年金となってしまい、年金額が調整されます。しかし、六〇歳時の賃金が、これからもらえる賃金等との割合が七五%未満になると、高年齢雇用継続給付金等が支給されます。つまり、在職老齢年金+賃金+高年齢雇用継続給付等の三本立てで受給できるので、大変お得です。

ただし、高年齢雇用継続給付等を受けられるときは、その賃金の減額率によって最大でその標準報酬月額の6%が在職老齢年金から支給停止されます。ここでも、厚生年金に未加入であれば、年金からの支給停止はされないため、非常にお得です。

受給開始年齢以降は3本立てで受給しましょう

・賃金	60歳の賃金と60歳以降の減額割合が最高の61%未満に減額されると、その賃金の15%が高年齢雇用継続給付金として支給(詳しくは87頁参照)
・高年齢雇用継続給付金	
・在職老齢年金	20万〜25万円くらいの給与でも可能なので在職老齢年金を多く受給しましょう

役員の年金

非常勤または報酬を減額すればお得！

◉役員は役員報酬額を減額すると得

中小企業等の役員の場合、夫が代表取締役で妻が取締役になっていることが多いと思います。役員には常勤と非常勤があり、代表取締役は常に常勤で取締役はどちらでもかまいません。

厚生年金では常勤のみが加入でき非常勤は加入できませんので、受給開始年齢になったら、妻だけでも非常勤にして厚生年金をもらいましょう。また、役員報酬を減額して全額支給してもらうという方法もあります。

役員は七〇歳になるまで受給できないと思っている方が多いのですが、そんなことはありません。

たとえば、夫が代表取締役の座を降りて息子に譲り、夫は非常勤の取締役となり、役員報酬を下げれば、夫も年金をもらうことができます。

非常勤になったら会社に出社できないと思っているかもしれませんが、月に四分の三未満なら出社して構いません（五〇一人以上の会社を除く）。

高年齢雇用継続給付の上限

差額分を退職金として積み立てる

◉再雇用時の賃金が上限を超えると給付されない

六〇歳を迎えて退職し、再雇用で働く場合は、賃金、高年齢雇用継続給付等、在職老齢年金の三本立てで受給すると、会社も本人も得になります。ただし、上限を超えた賃金をもらっていると、給付が停止となります。たとえば今までの賃金が五五万円で、再雇用時に賃金が三八万円に降給したとします。賃金割合としては従来賃金の六九％で七五％未満という条件を満たしていますが、賃金と給付金の上限が三六万円くらいなので、この場合、給付金はもらえず、在職老齢年金で年金も減額支給になり、一番損なケースです。

では、どのようにすれば良いのでしょうか？　六〇歳時の賃金と再雇用の賃金割合を六一％未満にし、在職老齢年金もなるべく多くもらえるようにしたほうが得です。そして、令和三年七月までは、賃金と給付金の上限は三六万五〇五五円なので、この上限を考えて再雇用時の賃金を決めます。もし決めた賃金が多い場合は、たとえば、再度嘱託契約者の第二退職金規程を作成し、差額分を外部に積立（一般的には養老保険が活用されます）しておき、退職金として退職時に支払うという手があります。

高年齢雇用継続基本給付金

賃金割合（%）	支給率（%）
75.00	0.00
74.75	0.22
74.50	0.44
74.25	0.66
74.00	0.88
73.75	1.11
73.50	1.33
73.25	1.56
73.00	1.79
72.75	2.02
72.50	2.25
72.25	2.49
72.00	2.72
71.75	2.96
71.50	3.20
71.25	3.44
71.00	3.68
70.75	3.93
70.50	4.17
70.25	4.42

賃金割合（%）	支給率（%）
70.00	4.67
69.75	4.92
69.50	5.17
69.25	5.43
69.00	5.68
68.75	5.94
68.50	6.20
68.25	6.46
68.00	6.73
67.75	6.99
67.50	7.26
67.25	7.53
67.00	7.80
66.75	8.08
66.50	8.35
66.25	8.63
66.00	8.91
65.75	9.19
65.50	9.48
65.25	9.77

賃金割合（%）	支給率（%）
65.00	10.05
64.75	10.35
65.50	10.64
64.25	10.94
64.00	11.23
63.75	11.53
63.50	11.84
63.25	12.14
63.00	12.45
62.75	12.76
62.50	13.07
62.25	13.39
62.00	13.70
61.75	14.02
61.50	14.35
61.25	14.67
61.00	15.00

※賃金と給付金の合計額の上限は365,055円で、この金額を超えるときは365,055円から支給対象月の賃金額を差し引いた金額が支給されます（この上限の金額は8月に変更になります）。

定額部分の加入年数

四〇年を超えると掛け捨てに！

◉厚生年金の定額部分には加入年数の上限がある

厚生年金の計算式に定額部分がありますが、四〇年以上の加入者は上限が四〇年なので、それ以上加入していても受給する時は四〇年として計算されます。一方、報酬比例部分は実月数（実年数）で計算されます。なぜ定額部分が四〇年かというと、六五歳になると定額部分が国民年金になるからです。国民年金の納付年数上限が四〇年のため、それにならっているのです。

厚生年金に四〇年以上加入している人の場合、毎月の年金のうちの三割強が定額部分に当たりますが、その保険料は四〇年を超えると掛捨てになるので、四〇年を超えたら会社と相談して身分関係を変更し、厚生年金に加入しないことも損しない方法です。

定額部分の加入年数の限度

定額部分は 40 年（480 月）が上限ですが次のようになります。

昭和４年４月１日生まれまでの方	35 年（420 月）
昭和４年４月２日～昭和９年４月１日生まれ	36 年（432 月）
昭和９年４月２日～昭和19年４月１日生まれ	37 年（444 月）
昭和19年４月２日～昭和20年４月１日生まれ	38 年（456 月）
昭和20年４月２日～昭和21年４月１日生まれ	39 年（468 月）
昭和21年４月２日以降の生まれ	40 年（480 月）

※この 40 年は 20 歳から 60 歳になるまでの期間のみです。

年金の全額停止

高収入の方は対策が必要！

◉月額一〇〇万円以上は全額停止になる

厚生年金の法律では、役員報酬の高い方（月額一〇〇万円）は、在職老齢年金になってしまい、勤務していると七〇歳以降でも全額停止になります。救いは六五歳から定額部分が国民年金に変わりますので、その年金が受給できることです。しかし、六〇歳から高い保険料をずっと支払っても、六五歳で少しの年金しかもらえず、ほとんど寄付になっています。

七〇歳になってからは、繰下げ（在職老齢年金で全額停止になると増額分はなし）で年金額が多くもらえると思っている人もいますが、厚生年金でみると、何のメリットもありませんので、気をつけてください。対策は79頁の下表④を参照してください。

65歳以降の老齢基礎年金

〔昭和33年4月2日～昭和34年4月1日生まれまでの**男性**の場合〕

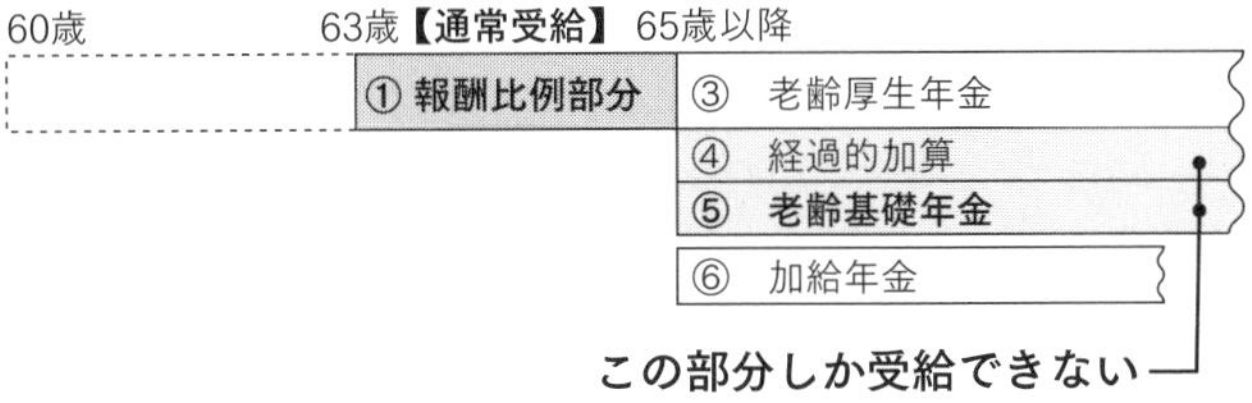

老齢年金の危機①

「老後資金二〇〇〇万円問題」の本質とは

◉年金の種類や年齢、資金力などすべてが違うので二〇〇〇万円といえない

令和元年六月三日に金融庁が公表した金融審議会の市場ワーキング・グループ報告書「高齢社会における資産形成・管理」（以下、報告書）の内容が、日本中を震撼させました。いわゆる「老後資金二〇〇〇万円問題」です。これには誤解もあり、まず自営業者も会社員も公務員もすべての人たちの老後の資金として二〇〇〇万円不足していると解釈されてしまったこと、また「一〇〇歳まで生きた場合」がひとり歩きしたことです。

正しくは男性が六五歳以上、女性は六〇歳以上の夫婦で、夫は厚生年金加入四〇年以上、妻は国民年金四〇年（納付と第三号被保険者期間の合計）、そして九五歳まで生きた場合として計算されています。生活設計で毎月五万円の赤字を出しながら三〇年生きると、五万円×一二月×三〇年＝一八〇〇万円、切り上げて二〇〇〇万円になります。このような単純な計算ではありませんが、おおよその目安にはなるでしょう。報告書では、もちろん誰にでもわかるように表現するべきだったと思います。しかし一方で、年金制度は高齢になって働けなくなった場合の生活保障ではないことも考える必要があると思います。

老齢年金の危機②

公的年金のみでは老後の生活はできない？

◉足りない資金はどのようにすべきか

前頁の「老後二〇〇〇万円問題」、みなさんはどう判断されたでしょうか。報告書で示された単純な計算式には、将来の年金額の減少や生活費の高騰などは何も算入されていません。また、どのように対処したらいいかの明示もありません。

若い世代の方たちからは「自分たちは将来、年金はもらえない」とか「公的年金は破綻する」などの声も聞かれます。しかし、年金は絶対に受給できるので心配いりません。ただ、今の若い世代の方たちが六五歳から年金を受給できる可能性は低く、七〇歳、最悪だと七五歳からになるかと思われます。また、貯蓄は三〇〇〇万円くらい必要になるでしょう。ですから何か資産の運用をしつつ、体が許す限り勤労所得を得ることです。

すでに六五歳以上の方たちは二〇〇〇万円あればなんとか、三〇〇〇万円あってようやく安心と言われますが、それでも何かの資産がなければ不安です。自宅や土地がある人は、それを売って賃貸アパートにする方法もありますが、リバースモーゲージ（自宅・土地を担保にして金融機関から資金を調達する方法）は、よく考えてから行ってください。

年金ミニ知識 ②

新法の生年月日別年金計算早見表（老齢基礎年金・老齢厚生年金）

付表

（令和３年４月から適用、C・L・P　単位：円）

あなたの生年月日↓	老齢基礎年金			老齢厚生年金											遺族年金			
	A	B	C	D		E		F	G	H	I	J	K	L	M	N	O	P
	受給資格期間（年）	加入可能年数（年）	振替加算額（年額）	男性（厚生年金1号～4号）、女性（2号～4号）の支給開始年齢		女性（厚生年金1号）の支給開始年齢		定額上限月数（月）	定額単価乗率（1628円×下記）	従前保障 報酬比例旧乗率（/1000）	5%適正化 報酬比例新乗率（/1000）	従前保障 報酬比例旧乗率（/1000）	5%適正化 報酬比例新乗率（/1000）	配偶者加給年金額（年額）	受給資格期間（長期要件等） 厚生年金1号～4号の合算期間（年）	厚生年金1号の中高齢特例等（年）	国民年金と厚生年金等の合算期間（年）	経過的寡婦加算額（年額）
				報酬	定額	報酬	定額			15.3まで	15.3まで	15.4～	15.4～					
T15.4.2～S 2.4.1	10	25	224,700	60		55		420	1.875	10	9.5	7.692	7.308	224,700	20	15	21	585,700
S 2.4.2～S 3.4.1	//	26	218,633	//		//		//	1.817	9.86	9.367	7.585	7.205	224,700	//	//	22	555,665
S 3.4.2～S 4.4.1	//	27	212,791	//		//		//	1.761	9.72	9.234	7.477	7.103	224,700	//	//	23	527,856
S 4.4.2～S 5.4.1	//	28	206,724	//		//		432	1.707	9.58	9.101	7.369	7.001	224,700	//	//	24	502,032
S 5.4.2～S 6.4.1	//	29	200,657	//		//		//	1.654	9.44	8.968	7.262	6.898	224,700	//	//	25	477,990
S 6.4.2～S 7.4.1	//	30	194,815	//		//		//	1.603	9.31	8.845	7.162	6.804	224,700	//	//	//	455,550
S 7.4.2～S 8.4.1	//	31	188,748	//		56		//	1.553	9.17	8.712	7.054	6.702	224,700	//	//	//	434,558
S 8.4.2～S 9.4.1	//	32	182,681	//		//		//	1.505	9.04	8.588	6.954	6.606	224,700	//	//	//	414,878
S 9.4.2～S 10.4.1	//	33	176,839	//		57		444	1.458	8.91	8.465	6.854	6.512	257,900	//	//	//	396,391
S 10.4.2～S 11.4.1	//	34	170,772	//		//		//	1.413	8.79	8.351	6.762	6.424	257,900	//	//	//	378,991
S 11.4.2～S 12.4.1	//	35	164,705	//		58		//	1.369	8.66	8.227	6.662	6.328	257,900	//	//	//	362,586
S 12.4.2～S 13.4.1	//	36	158,863	//		//		//	1.327	8.54	8.113	6.569	6.241	257,900	//	//	//	347,092
S 13.4.2～S 14.4.1	//	37	152,796	//		59		//	1.286	8.41	7.990	6.469	6.146	257,900	//	//	//	332,435
S 14.4.2～S 15.4.1	//	38	146,729	//		//		//	1.246	8.29	7.876	6.377	6.058	257,900	//	//	//	318,550
S 15.4.2～S 16.4.1	//	39	140,887	//		60		//	1.208	8.18	7.771	6.292	5.978	291,000	//	//	//	305,377
S 16.4.2～S 17.4.1	//	40	134,820	60	61	//		//	1.170	8.06	7.657	6.200	5.890	324,200	//	//	//	292,862
S 17.4.2～S 18.4.1	//	//	128,753	//	//	//		//	1.134	7.94	7.543	6.108	5.802	357,300	//	//	//	273,340
S 18.4.2～S 19.4.1	//	//	122,911	//	62	//		//	1.099	7.83	7.439	6.023	5.722	390,500	//	//	//	253,817
S 19.4.2～S 20.4.1	//	//	116,844	//	//	//		456	1.065	7.72	7.334	5.938	5.642	//	//	//	//	234,295
S 20.4.2～S 21.4.1	//	//	110,777	//	63	//		468	1.032	7.61	7.230	5.854	5.562	//	//	//	//	214,772
S 21.4.2～S 22.4.1	//	//	104,935	//	//	60	61	480	1.000	7.50	7.125	5.769	5.481	//	//	//	//	195,250
S 22.4.2～S 23.4.1	//	//	98,868	//	64	//	//	//	//	//	//	//	//	//	//	16	//	175,727
S 23.4.2～S 24.4.1	//	//	92,801	//	//	//	62	//	//	//	//	//	//	//	//	17	//	156,205
S 24.4.2～S 25.4.1	//	//	86,959	//	-	//	//	//	//	//	//	//	//	//	//	18	//	136,682
S 25.4.2～S 26.4.1	//	//	80,892	//	-	//	63	//	//	//	//	//	//	//	//	19	//	117,160
S 26.4.2～S 27.4.1	//	//	74,825	//	-	//	//	//	//	//	//	//	//	//	//	-	//	97,637
S 27.4.2～S 28.4.1	//	//	68,983	//	-	//	64	//	//	//	//	//	//	//	21	-	//	78,115
S 28.4.2～S 29.4.1	//	//	62,916	61	-	//	//	//	//	//	//	//	//	//	22	-	//	58,592
S 29.4.2～S 30.4.1	//	//	56,849	//	-	//	-	//	//	//	//	//	//	//	23	-	//	39,070
S 30.4.2～S 31.4.1	//	//	51,007	62	-	//	-	//	//	//	//	//	//	//	24	-	//	19,547
S 31.4.2～S 32.4.1	//	//	44,940	//	-	//	-	//	//	//	//	//	//	//	25	-	//	-
S 32.4.2～S 33.4.1	//	//	38,873	63	-	//	-	//	//	//	//	//	//	//	//	-	//	-
S 33.4.2～S 34.4.1	//	//	33,031	//	-	61	-	//	//	//	//	//	//	//	//	-	//	-
S 34.4.2～S 35.4.1	//	//	26,964	64	-	//	-	//	//	//	//	//	//	//	//	-	//	-
S 35.4.2～S 36.4.1	//	//	20,897	//	-	62	-	//	//	//	//	//	//	//	//	-	//	-
S 36.4.2～S 37.4.1	//	//	15,055	65	-	//	-	//	//	//	//	//	//	//	//	-	//	-
S 37.4.2～S 39.4.1	//	//	//	//	-	63	-	//	//	//	//	//	//	//	//	-	//	-
S 39.4.2～S 41.4.1	//	//	//	//	-	64	-	//	//	//	//	//	//	//	//	-	//	-
S 41.4.2～	//	//	-	//	-	65	-	//	//	//	//	//	//	//	//	-	//	-

※老齢基礎年金の受給資格期間Aは、平成29年8月より10年以上となりました（平成29年7月までは原則として25年以上が必要でした）。

※本来水準の厚生年金等の計算式ではＩとＫを使用します。※D、Eの定額は65歳になると老齢基礎年金に変わります。

※遺族年金（長期要件等）の受給は、亡くなった方がM・N・Oの内、いずれかの受給資格期間を満たしていることが必要です。

※受給資格要件のAとOには、保険料納付済期間、保険料免除期間、合算対象期間（カラ期間）等を含めることができます。

第2章

65歳からのもらい方で損得がでる

老齢年金を本格受給

六五歳からの年金を有利に受け取ろう

◉厚生年金は定額部分＋報酬比例部分＋加給年金

六五歳からは、本格的に年金を受け取ることになります。厚生年金に老齢基礎年金がプラスされます。六五歳以降は老齢厚生年金（報酬比例部分＋経過的加算＋加給年金）と老齢基礎年金が支給されるようになります。

六〇歳でリタイヤした方は（男女の生年月日に応じて受給できる年齢が決まります）、六五歳前は報酬比例部分のみを受給し、六五歳になるとあとの二つが受給できます。

ただし、加給年金はすべての方に支給されるものではなく、一定の条件が必要です。

◉六五歳到達月に素早くハガキを提出

六五歳未満で老齢厚生年金を受給中等の方は、それまでの年金受給権は消滅し、新たに老齢厚生年金と老齢基礎年金を受けることになります。その場合、六五歳到達月の上旬までに自宅に封筒が郵送されてきますので、封筒の中のハガキに必要事項を記入し、日本年金機構へ返送してください（両方とも繰下げの方は返送しないでください）。

このハガキを提出しないと年金が一時止められますので、注意が必要です。

◉六〇歳以上の厚生年金加入者は有利

六〇歳以上で厚生年金加入者は退職時、または六五歳到達時に加入期間が再計算されるので、受給額が増額されて有利です。しかし、六五歳以上も在職すると六〇歳台後半の在職老齢年金となり、増額された老齢厚生年金額が調整の対象になります。

◉六五歳からは経過的加算がつく

下図では、定額部分が国民年金（老齢基礎年金）になります。七八万九〇〇〇円×（分母は四八〇月、分子は二重加入の二〇歳から六〇歳になるまでの月数）で求めます。六〇歳からの分は一応二重加入ですが、その期間は算入しないで計算してください。

その時に定額部分のほうが若干高いので、その差額が経過的加算になります。

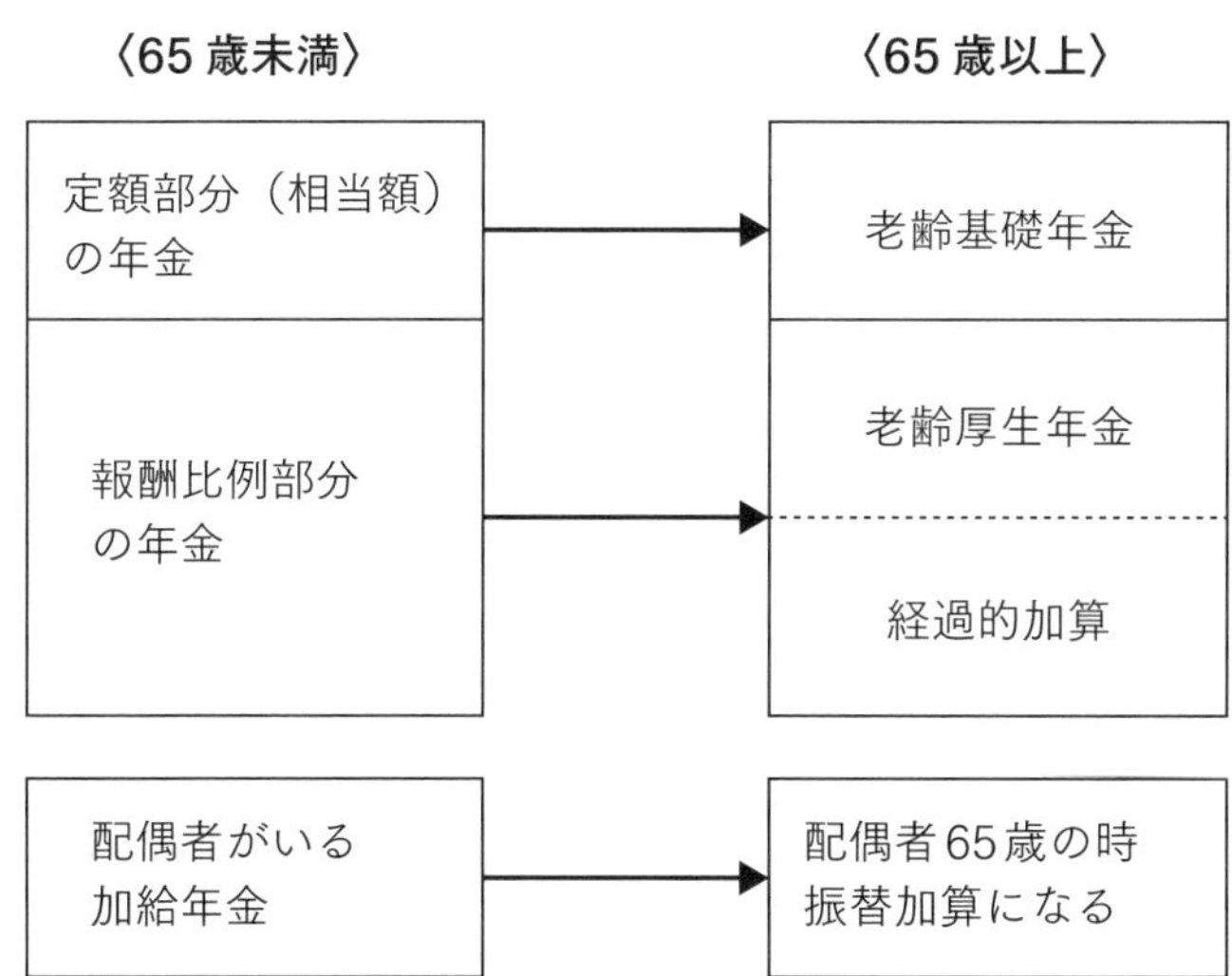

老齢基礎年金

四〇年間の加入（納付）期間をクリアしよう！

◉足りない場合は、六〇歳～六五歳に任意加入

厚生年金等の定額部分の年金は、六五歳になると国民年金（老齢基礎年金）になります。その場合、年金を満額もらうためには、四〇年の加入（納付）期間が必要です。

もし、国民年金で保険料納付期間が四〇年に達していない方は、六〇歳から六五歳未満の間に任意加入するという方法があります。

ただ、この場合、厚生年金の方は注意が必要です。というのも、六〇歳以上で厚生年金に加入していた期間は、国民年金の加入期間としてカウントされないからです。せっかく加入をしていても、カウントされないと年金額に反映されません。

ただし、四〇年未満の方は、国民年金に相当した経過的加算がもらえてお得になります。この経過的加算とは、厚生年金の定額部分から老齢基礎年金額を引いたもので、厚生年金の定額部分が六五歳以降、老齢基礎年金に移行することで年金額が少なくなることを防ぐものです。たとえば、六〇歳で厚生年金加入が三八年間の方は、六二歳まで国民年金に任意加入すればいいのです。

国民年金を40年にするには

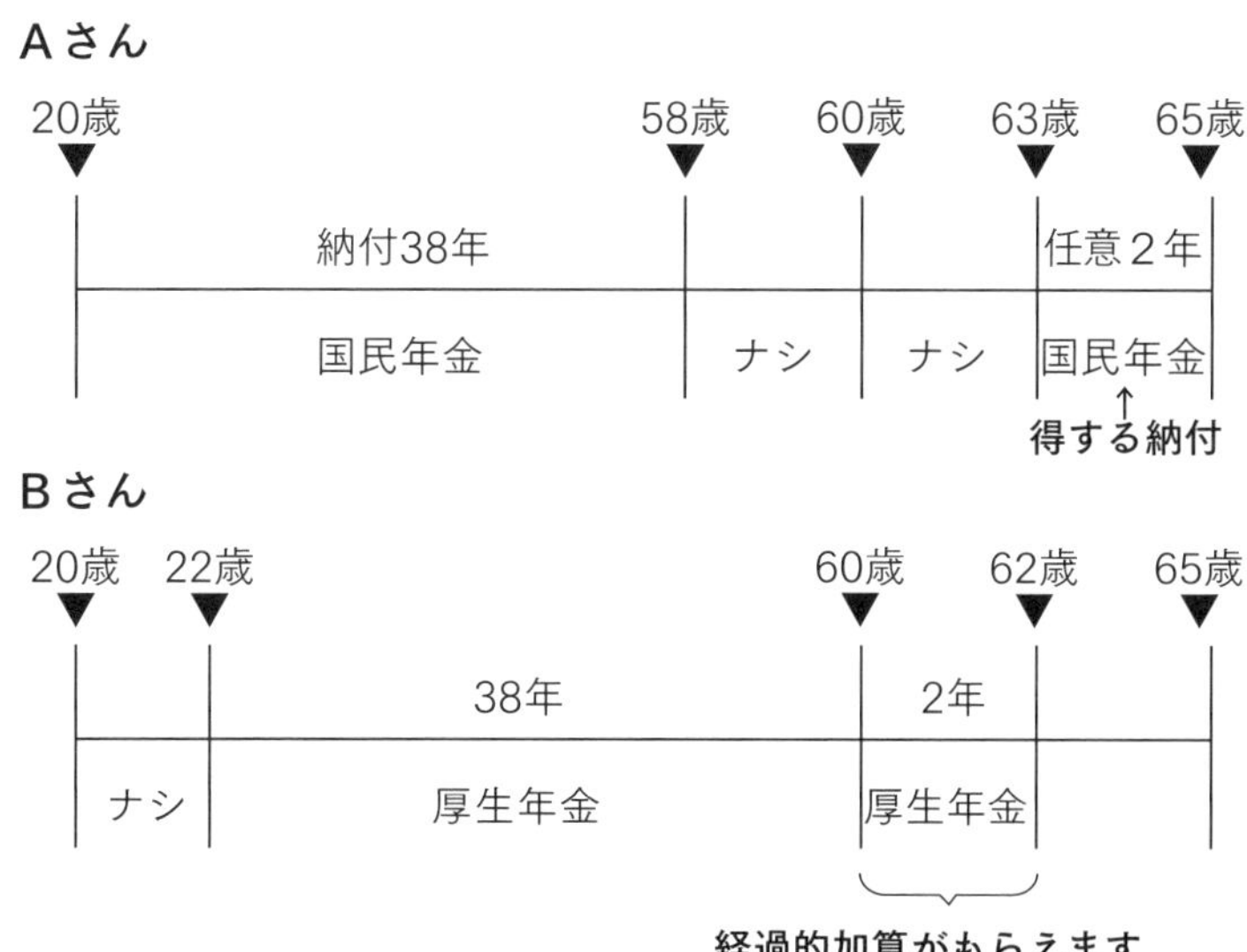

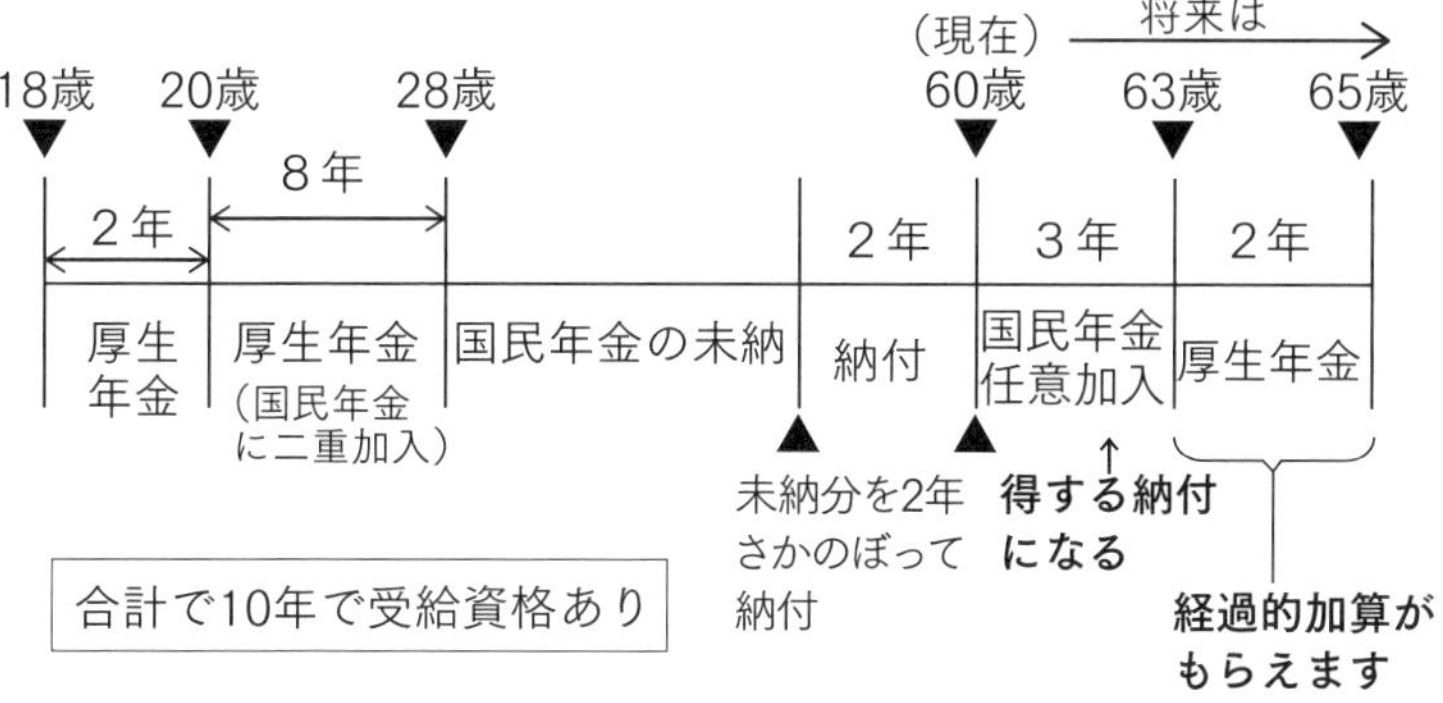

国民年金の繰下げ①

繰下げると受給率がアップするのでお得だが⁉

◉受給率は終身変わらない

六五歳から受給する国民年金の受給開始年齢を延期して、希望するときから年金を受けるのが繰下げ制度です。

では、どのくらいの期間、繰下げることができるかというと、実は、六六歳0月から七〇歳になるまでの間、自分の好きな年月単位で、いつから受給するかを選択できます。つまり、四八通りのもらい方ができるのです。六六歳までの一年間は待機となります。

繰下げて受給した場合、受給率がアップし、終身変わらないので大変お得です。

また、老齢厚生年金と老齢基礎年金は、受給開始をバラバラに繰下げできます。厚生年金等で六五歳前から受給している方は、六五歳到達月の上旬までに自宅に郵送されてくるハガキで繰下げの申請をしておくといいでしょう。一方、国民年金等で六五歳から受給権が発生する方は、自分の好きな年月から請求することができます。

繰下げした時の増加率

受給開始年齢	1ヵ月で増加する率	昭和16年4月2日生まれ以降
65歳	—	100%
66歳	1ヵ月0.7%	108.4%
67歳	1ヵ月0.7%	116.8%
68歳	1ヵ月0.7%	125.2%
69歳	1ヵ月0.7%	133.6%
70歳	—	142%

①国民年金の方は、65歳時に年金請求書が届いても何も手続きをしなければ、繰下げ待機になります。

②特別支給の老齢厚生年金を受給していた方は、65歳前に日本年金機構から郵送された封筒の中に請求について確認するハガキが入っているので、チェックの上、提出します。提出しないと、一時的に年金がストップしてしまうので注意が必要です。

③繰下げは、老齢基礎年金を67歳3月、老齢厚生年金を66歳8月というように、バラバラに受給できます。ただし、加給年金および振替加算は、繰下げによる増額はないので注意してください。

④繰下げ請求は、長寿になればなるほど有利です。

⑤令和4年4月以降に70歳になる方は、75歳まで繰下げが可能になります。

国民年金の繰下げ②

損得分岐点は八一歳、長生きすればお得に!?

◉六五歳の受給開始時に手続き

年金受給の繰下げは、98頁でも説明したように六五歳の受給開始時に決めます。国民年金のみの方には年金請求書が届きますので、六六歳以降好きな月に手続きをします。具体的に六六歳0月からの累計を計算してみると、約八一歳でだいたい同額になります。そこがいわゆる損益（得）分岐点で、八一歳以降は長生きするだけお得になります。

繰下げは六五歳から一年間は据え置きになりますので、どうしてもお金が必要な場合は手続きをすれば、六五歳に遡及して通常の受給ができます。

◉七〇歳繰下げの受給額は六五歳受給額の一四二%

繰下げによって、六五歳時の年金受給額より率のいい受給ができますので、そのときにお金に余裕がある方は考えてみてもいいでしょう。

七〇歳になるまで繰下げると、受給額は六五歳受給額の実に一四二%にもなり、大変お得です。しかし、七〇歳から受給しても、早く亡くなってしまうとせっかくのメリットがだいなしになりますので、十分に考えて判断しましょう。

国民年金（老齢基礎年金）の繰下げ受給

老齢基礎年金繰下げ受給総額（累計額）。年金額780,900円で計算（令和3年4月1日現在）

受給開始年齢／到達年齢	66歳 支給率（108.4%）	67歳 支給率（116.8%）	68歳 支給率（125.2%）	69歳 支給率（133.6%）	70歳 支給率（142%）
66歳時	846,496	－	－	－	－
67歳時	1,692,991	912,091	－	－	－
68歳時	2,539,487	1,824,182	977,687	－	－
69歳時	3,385,982	2,736,274	1,955,374	1,043,282	－
70歳時	4,232,478	3,648,365	2,933,060	2,086,565	1,108,878
71歳時	5,078,974	4,560,456	3,910,747	3,129,847	2,217,756
72歳時	5,925,469	5,472,547	4,888,434	4,173,130	3,326,634
73歳時	6,771,965	6,384,638	5,866,121	5,216,412	4,435,512
74歳時	7,618,460	7,296,730	6,843,808	6,259,694	5,544,390
75歳時	8,464,956	8,208,821	7,821,494	7,302,977	6,653,268
76歳時	9,311,452	9,120,912	8,799,181	8,346,259	7,762,146
77歳時	10,157,947	10,033,003	9,776,868	9,389,542	8,871,024
78歳時	11,004,443	10,945,094	10,754,555	10,432,824	9,979,902
79歳時	11,850,938	11,857,186	11,732,242	11,476,106	11,088,780
80歳時	12,697,434	12,769,277	12,709,928	12,519,389	12,197,658
81歳時	13,543,930	13,681,368	13,687,615	13,562,671	13,306,536
82歳時	14,390,425	14,593,459	14,665,302	14,605,954	14,415,414
83歳時	15,236,921	15,505,550	15,642,989	15,649,236	15,524,292
84歳時	16,083,416	16,417,642	16,620,676	16,692,518	16,633,170
85歳時	16,929,912	17,329,733	17,598,362	17,735,801	17,742,048
86歳時	17,776,408	18,241,824	18,576,049	18,779,083	18,850,926
87歳時	18,622,903	19,153,915	19,553,736	19,822,366	19,959,804
88歳時	19,469,399	20,066,006	20,531,423	20,865,648	21,068,682
89歳時	20,315,894	20,978,098	21,509,110	21,908,930	22,177,560
90歳時	21,162,390	21,890,189	22,486,796	22,952,213	23,286,438

この線より長生きすれば、70歳で受給したほうが受取り総額が多くなる目安です（月単位の請求ができます）。

※繰下げ請求をすると、その時の受給額は終身変わりません（物価スライドはあります）。
※上記の81歳くらいで線を引いていますが、正確には上下しますので、およその目安と考えてください。

国民年金の繰下げ③

国民年金繰下げは七〇歳で即手続きを

◉繰下げは一カ月単位で四八通り

国民年金の繰下げは一カ月単位で四八通りあり、最長七〇歳までです。そして七〇歳になったら、すぐに請求手続きを行いましょう。遅れて手続きをしても、七〇歳までの年金が増えることはありませんし、受給する年齢が遅れてしまうだけなので、注意しましょう。

ただ、以前は手続きした年齢からの受給で、たとえば、七二歳で手続きしても二年間分は受給できませんでしたが、現在は、遅れても七〇歳からの年金が受給できるようになりました。その点は、救われるようになりましたが、忘れずに手続きしないと受給前に死亡するといった思わぬ損失を被ることにもなりかねませんので、やはり早く手続きしましょう。

繰下げの内容

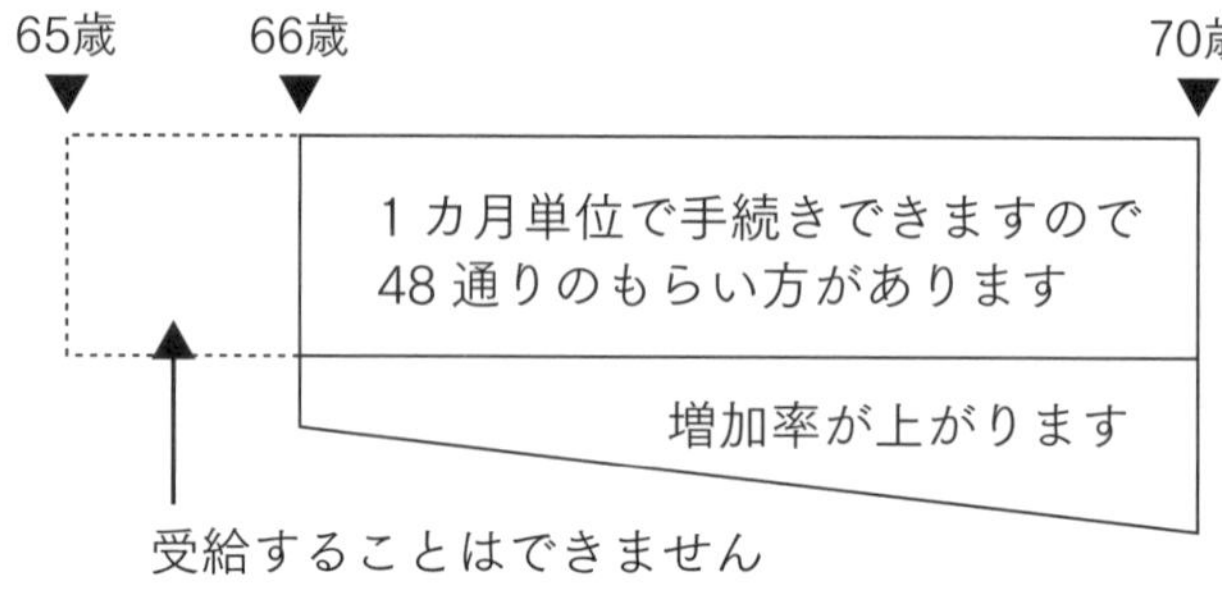

繰下げと振替加算・加給年金

繰下げても振替加算と加給年金は増額しない

◉繰下げの落とし穴に注意

厚生年金は六五歳になると、六五歳前に厚生年金等から受給していた権利がなくなり、老齢厚生年金と国民年金（老齢基礎年金）の受給権が発生します。

六五歳前に受給していた方（繰上げ受給者を除く）には六五歳到達月までに封筒が郵送されます。

封筒の中のハガキで繰下げの手続きを行うと、年金の受給はストップし、繰下げ待機になります。そして、これもすでに説明しているように、繰下げ受給によって受給額は有利になります。

ただし、振替加算と加給年金は増額になりませんので、その点は勘違いのないようにご注意ください。

繰下げによる増額の仕組み

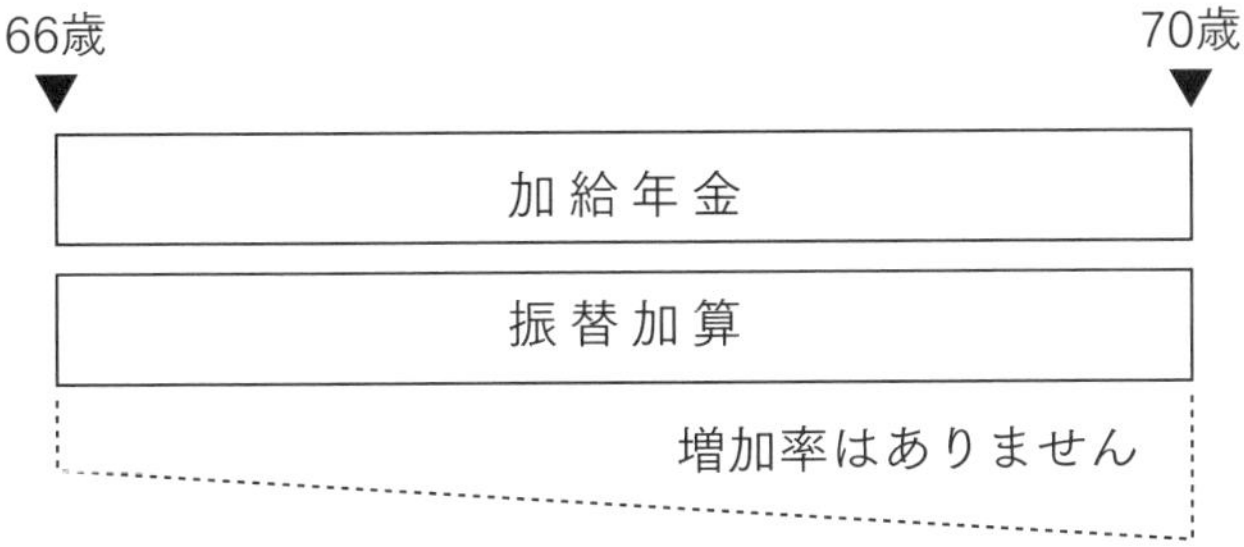

66歳▼　　　　70歳▼

加給年金
振替加算
増加率はありません

※繰下げできますが、その間は加給年金等は
受給できないし、増額もないので注意が必要です。

在職老齢年金の繰下げを賢く活用しよう

繰り返しになりますが、繰下げた増額率は終身変わりません。

厚生年金等は定額部分が国民年金（老齢基礎年金）になり、報酬比例部分が老齢厚生年金になりますが、この繰下げの受給開始年齢は別々に決めることができます。

◉繰下げの受給開始年齢

中小企業の社長等などで給料が高く、在職している方は、老齢厚生年金を六五歳から、老齢基礎年金を七〇歳から繰下げて受給しているケースが多いようです。このように、繰下げは別々に行うことが可能なので、賢く、有利に活用しましょう。

在職者の老齢年金支給繰下げ（70歳での繰下げ例）

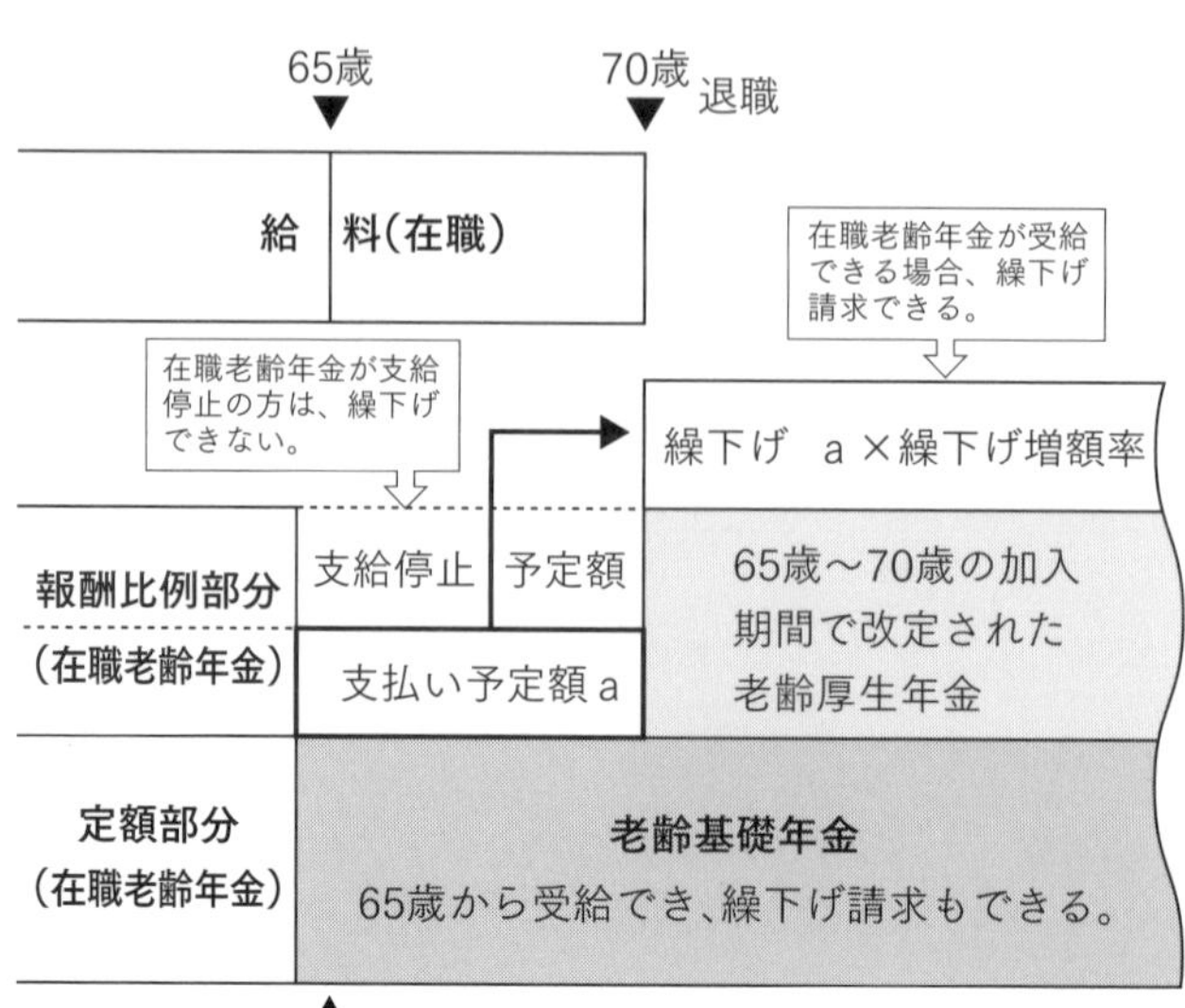

障害年金・遺族年金と繰下げ

障害年金や遺族年金の受給権者は注意！

◉障害・遺族の受給権者は繰下げできない

受給開始年齢を繰下げると受給額はすべて増額（一カ月で〇・七％増加）すると思っている方もいますが、老齢基礎年金及び老齢厚生年金のみが増額の対象で、振替加算と加給年金は増額の対象にならないことは、103頁で説明したとおりです。

また、繰上げした方や、障害年金や遺族年金の受給権を有する方は、繰下げできないことになっていますので注意しましょう。さらに、六五歳から六六歳までの一年間は繰下げ待機となるので注意しましょう。もっとも、これはおかしな話で、一カ月〇・七％アップ分のメリットを一年間得られないというのは、繰下げを考えている受給者にとって不利益以外のなにものでもありません。

繰下げ請求はここに注意

障害年金や遺族年金の受給権を有する場合は繰下げできない

振替加算及び加給年金は繰り下げても増額されない

厚生年金の報酬比例部分

受給開始年齢が引き上がって割を食う

◉厚生年金の報酬比例部分の受給開始年齢が段階的に引き上げに

厚生年金等で、たとえば昭和三四年四月二五日生まれの男性は、厚生年金の報酬比例部分が六四歳から受給でき、老齢基礎年金と加給年金は六五歳からになります。

この六四歳からの受給のことを、通常、六五歳からもらえるはずの報酬比例部分の年金を繰上げ受給（八八％支給）することになると思っている方もいるようですが、これは繰上げ受給ではなく、特別支給の老齢厚生年金です。

今までは、六〇歳からもらえた受給開始年齢が六四歳に引き上がっただけなのです。つまり、割を食ったわけです。そのため、この報酬比例部分に関しては、六四歳からもらったからといって、繰上げ請求のような減額の対象になることはありません。そして、この報酬比例部分は、六五歳になると、すでに説明しているように名称が変わって老齢厚生年金となります。老齢厚生年金になると、繰下げ受給することができます。

ただし、繰上げで報酬比例部分の受給開始年齢よりも前に、老齢厚生年金と老齢基礎年金を同時に受給した方が、六五歳になってから繰下げるといったことはできません。

昭和34年4月25日生まれの男性の厚生年金（通常受給）

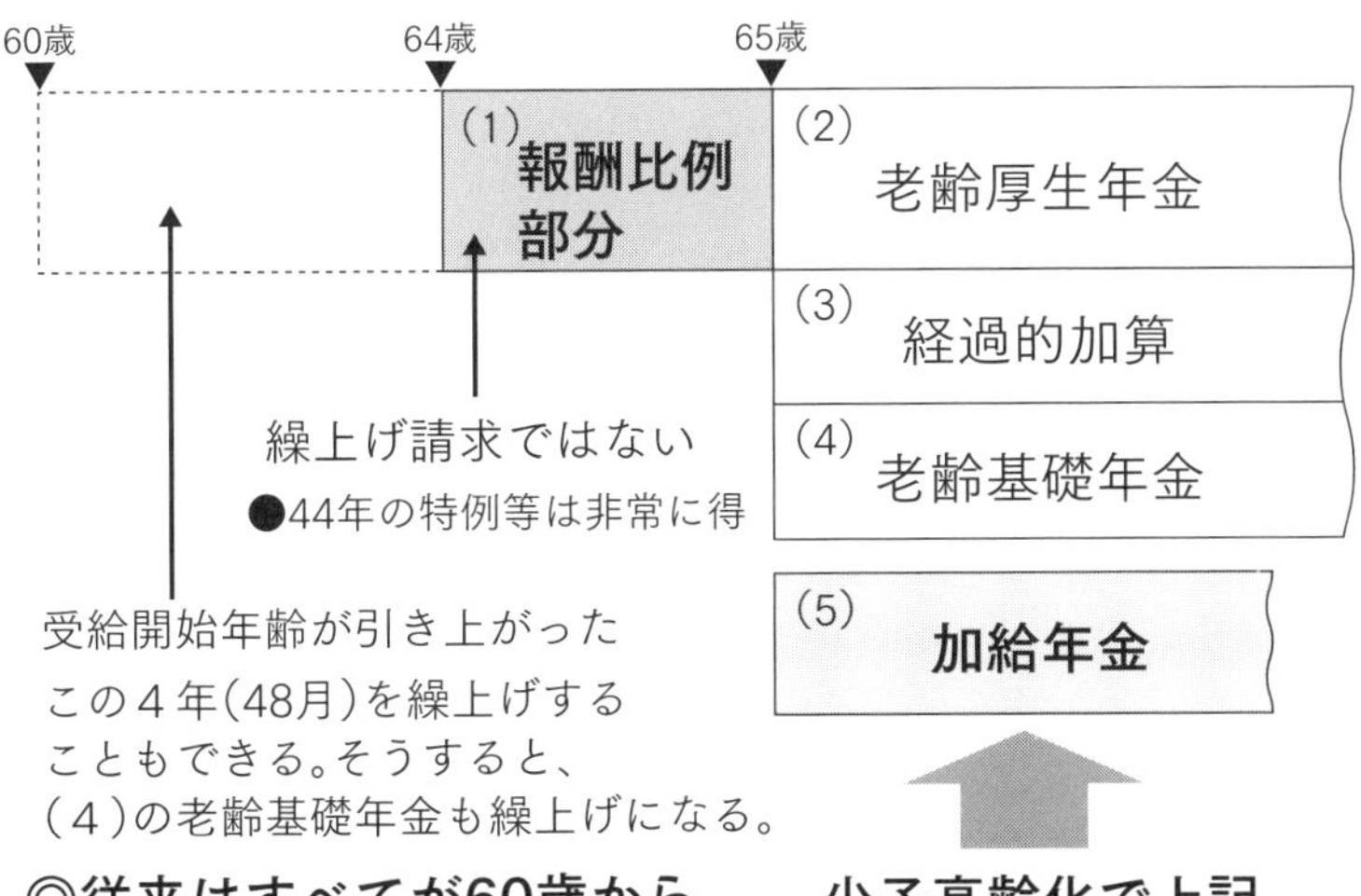

◎従来はすべてが60歳から受給できた

少子高齢化で上記のようになった

60歳〜	65歳〜
報酬比例部分	老齢厚生年金
定額部分	経過的加算
	老齢基礎年金
加給年金	**加給年金**

※44年の特例の方や障害者特例該当者で老齢を選択した場合も、受給開始年齢からすべて受給できます(ただし、厚生年金(第１号〜第４号)に加入していないこと)。

※経過的加算は老齢厚生年金に加算されます。

六〇歳台後半の在職老齢年金①

支給停止を受けないで全額もらって得しよう

◉四七万円以下なら全額受給

六五歳を過ぎても、まだ現役で頑張りたいという方が増えてきました。六〇歳以降も引き続き仕事をする場合は、六五歳までは83頁の在職老齢厚生年金の六〇歳台前半の計算式になります。六五歳以降は次頁の早見表を見ると簡単におよその年金額が算出できます。

会社勤務の方は七〇歳になるまで厚生年金保険料を支払います。保険料は七〇歳になるまででいいのですが、七〇歳以降も勤務すると六〇歳台後半の在職老齢年金の対象となります。

計算式からみると、六〇歳台前半と比べて控除額が倍弱になっていますので、支給停止や一部停止の方が少なくなります。中小企業の役員等の場合では、役員報酬と年金月額の合計が四七万円以下であれば、全額受給できます。

ですから、早見表を見て、年金がもらえるところまで役員報酬を降給すれば、全額受給できるので非常にお得です。そのままだと全額停止の方も多いと思いますが、少しでも受給額を増やす方法を考えて得しましょう。

総報酬制導入後の60歳台後半の在職老齢年金早見表

※下記の例では月額 14 万円が減額されず支給されます。　（単位：円）

総報酬月額相当額 ＼ 年金月額	16万円	18万円	20万円	22万円	24万円	26万円	28万円	30万円	32万円	34万円	36万円	38万円	40万円	42万円	48万円	50万円
1万円	10,000	10,000	10,000	10,000	10,000	10,000	10,000	10,000	10,000	10,000	10,000	10,000	10,000	10,000	−	−
2万円	20,000	20,000	20,000	20,000	20,000	20,000	20,000	20,000	20,000	20,000	20,000	20,000	20,000	20,000	−	−
3万円	30,000	30,000	30,000	30,000	30,000	30,000	30,000	30,000	30,000	30,000	30,000	30,000	30,000	30,000	5,000	−
4万円	40,000	40,000	40,000	40,000	40,000	40,000	40,000	40,000	40,000	40,000	40,000	40,000	40,000	40,000	10,000	−
5万円	50,000	50,000	50,000	50,000	50,000	50,000	50,000	50,000	50,000	50,000	50,000	50,000	50,000	45,000	15,000	5,000
6万円	60,000	60,000	60,000	60,000	60,000	60,000	60,000	60,000	60,000	60,000	60,000	60,000	60,000	50,000	20,000	10,000
7万円	70,000	70,000	70,000	70,000	70,000	70,000	70,000	70,000	70,000	70,000	70,000	70,000	65,000	55,000	25,000	15,000
8万円	80,000	80,000	80,000	80,000	80,000	80,000	80,000	80,000	80,000	80,000	80,000	80,000	70,000	60,000	30,000	20,000
9万円	90,000	90,000	90,000	90,000	90,000	90,000	90,000	90,000	90,000	90,000	90,000	85,000	75,000	65,000	35,000	25,000
10万円	100,000	100,000	100,000	100,000	100,000	100,000	100,000	100,000	100,000	100,000	100,000	90,000	80,000	70,000	40,000	30,000
11万円	110,000	110,000	110,000	110,000	110,000	110,000	110,000	110,000	110,000	110,000	105,000	95,000	85,000	75,000	45,000	35,000
12万円	120,000	120,000	120,000	120,000	120,000	120,000	120,000	120,000	120,000	120,000	110,000	100,000	90,000	80,000	50,000	40,000
13万円	130,000	130,000	130,000	130,000	130,000	130,000	130,000	130,000	130,000	125,000	115,000	105,000	95,000	85,000	55,000	45,000
14万円	140,000	140,000	140,000	140,000	140,000	140,000	140,000	140,000	140,000	130,000	120,000	110,000	100,000	90,000	60,000	50,000
15万円	150,000	150,000	150,000	150,000	150,000	150,000	150,000	150,000	145,000	135,000	125,000	115,000	105,000	95,000	65,000	55,000
16万円	160,000	160,000	160,000	160,000	160,000	160,000	160,000	160,000	150,000	140,000	130,000	120,000	110,000	100,000	70,000	60,000

※年金月額は加給年金額を除いた金額です。上記の灰色の人たちは減額がない方です。

※年金月額とは老齢厚生年金の 12 分の 1 です。（経過的加算は含みません）

※総報酬月額相当額はその月の標準報酬月額＋その月以前の 1 年間の標準賞与額の総額÷ 12 です。

※総報酬月額相当額は時間の経過とともに変わっていきます（昇給や賞与の支払いがあったとき）。

六〇歳台後半の在職老齢年金②

高い報酬の場合は全額停止になるので注意

◉三〇万～三六万円なら全額受給

前頁の早見表でアミかけの部分は、年金支給の停止額はなく、在職していても全額受給可能です。たとえば、役員報酬（従業員の場合は税込賃金と過去一年間に受給した賞与の合計の月額分）が五〇万円くらいですと、年金は全額停止か、一部停止となり減額されるので注意しましょう。およそ賃金月額等が三〇万円から三六万円くらいであれば、全額受給になるのでお得です。

ですから、たとえば五〇万円—三六万円＝一四万円を毎月減額し、その分を第二退職金として積み立てるか、家賃（役員でその職場が役員の所有等）などでもらうなど知恵を絞って損をしないようにしましょう。減額された部分は、結局毎月掛捨てしているのと同じなのですから。

65 歳以上の在職老齢年金をできるだけもらうには

- 前頁の黒アミの中に入っていれば在職老齢年金が全額もらえる。
- 下地が白の場合は一部停止の方です。
  できるだけ黒アミの所で労働契約を。
- 「－」このマークの方は全額停止です。
- **この表の年金月額は報酬比例部分のみの年金額なので間違えないでください。定額部分は国民年金（老齢基礎年金）になります。**

六〇歳台後半の在職老齢年金③

役員報酬が高いからといってあきらめない

◉老齢厚生年金がちゃんともらえる

中小企業等の役員には、老齢厚生年金の受給をあきらめている方もいます。役員報酬が高いため、法律通りに計算すると受給できないからです。

報酬月額が六〇歳以降も一〇〇万円以上の方もかなりおり、在職老齢年金は全額支給停止になります。せいぜい、六五歳から定額部分が国民年金になり老齢基礎年金として受給できる程度です。

しかし、それを変えることができるのです。非常勤になったり、役員報酬を下げることで得になるケースもあります。詳しくは、85頁を参考にしてください。

◉老後の生活費のための貯蓄目標は夫婦で三〇〇〇万円

老齢年金は、高齢になって就業が困難になる方にとって、老後生活を支える貴重な財源です。高齢になればなるほど労働の対価は少なくなってきますので、六〇歳から六五歳、そして七〇歳になるほど年金額が多くなるシステムになっています（会社等に勤務）。

会社等に勤務して六〇歳以降も厚生年金保険に加入して保険料を納めていれば、年金額は納めた分だけ増額されます。

国民年金の方はきちんと保険料を支払えば、六〇歳の前月で納付は終わりになります。

六〇歳以降に厚生年金に加入すれば得ですが、自営や農家の方でそれは難しいということになれば、自営業等で働けるまで続けるしかありません。

長寿社会となって老後が長いので、貯蓄は夫婦で三〇〇〇万円くらい必要だと言われています。働く期間を延ばせば、その金額は少なくて済みます。また、若いときから小規模企業共済（自営業者等の退職金のことで窓口は金融機関）に加入すれば三〇〇〇万円以上くらいにはなります。

厚生年金等の方は退職金もあると思いますが、働ける体力があれば短時間の勤務を続けて、できるだけ積立をして老後に備えましょう。そして、老齢厚生年金は受給開始になったらもらうようにしましょう。

老後の生活費と補填額

		老後の最低生活費月額	老後のゆとりある生活費月額
夫の年金月額		※220,000円	※349,000円
	＋		
妻の年金月額		−	−
	＝		
夫婦年金月額合計	Ⓐ	Ⓐ	Ⓐ

※生活費月額（生命保険文化センター調査）

第3章

共済年金は統合でこうなった

統合前の共済年金①

共済年金は保険料が安い上、給付が多かった

◉退職給付額は厚生年金の約二割も有利だった

公務員等が加入している年金制度は、一般に共済組合と呼ばれています。共済組合には、国家公務員共済組合、地方公務員等共済組合、私立学校教職員共済がありましたが、平成二七年一〇月一日に厚生年金に統合されました。それ以降については、120頁以下で解説します。

ここで紹介するのは、九月三〇日までに受給権の発生した人の内容です。まず、共済年金の保険料は厚生年金に比べて低い上、退職給付額は有利です。それは、厚生年金にない職域年金部分があるからです。厚生年金と比べて約二割も有利になっています。統合後は職域部分がなくなりますが、新しい法律によってカバーされますので従来とほぼ変わりません。やはり、有利なのです。

両年金の計算式の相違

老齢厚生年金（特別支給）の計算式

年金額 ＝ 定額部分（相当額） ＋ 報酬比例部分 ＋ 加給年金額

退職共済年金（特別支給）の計算式

年金額 ＝ 定額部分（相当額） ＋ 報酬比例部分（厚生年金相当部分） ＋ 職域年金 ＋ 加給年金額

※老齢厚生年金と比べると計算式に違いがあり、共済年金のほうが有利になっている。

統合前の共済年金②

厚生年金より一カ月早く受給できた

◉七〇歳以降勤務していても資格継続

統合前の共済年金の有利な点は、在職退職年金を受給していた人が月末に退職しても、翌月から在職退職年金が解除され、正規の退職共済年金が支給されることです。しかも、六〇歳から退職まで支払った月数も算入されます。それに対して、厚生年金の支給は翌月からではなく翌々月からなので、一カ月分遅くなっていました。

また、七〇歳以降も勤務していると共済年金の資格は継続され、共済年金の保険料を支払うので退職時にその分が増えます。厚生年金は七〇歳の前月までしか保険料を支払うことができず、支給額は増えません。つまり、共済年金は、保険料は払うものの、受給額は増えるので有利であるといえます。

両年金の相違（平成27年10月からは厚生年金に）

70歳

共済年金　勤務していたら保険料徴収

平成27年10月1日から共済の方も下記になっています

統合前の在職退職共済年金①

在職退職共済年金はこうなっていた

◉年金月額二八万円がポイントだった

在職退職共済年金には、給与等による調整があります。再雇用か退職後の再就職先によって、在職退職共済年金の計算式が違い、受給額も違ってきます。

在職退職共済年金は、①再任用等で同一の共済組合にとどまった場合と、②民間等に再就職して厚生年金に入ったり、他の共済組合に入った場合の二つのパターンに分けられます。計算方法は左の表を参照してください。

たとえば、総報酬（収入）月額と年金月額（特別支給の退職共済年金額の一カ月分）の合計が二八万円以下の場合は、在職退職共済年金は全額支給されます。総報酬月額と年金月額が二八万円超の場合で、年金月額二八万円以下かつ総報酬月額四七万円以下では、総報酬月額と年金月額の合計額が二八万円を上回る分の半分が支給停止。年金月額二八万円以下かつ総報酬月額四七万円超では、四七万円と年金月額の合計額が二八万円を上回る分の半分が停止され、その上、総報酬月額が四七万円を上回る分の額が停止になります。年金月額と総報酬月額によって全額停止になる場合もあるので、注意が必要でした。

平成27年9月までの在職退職共済年金の求め方

在職退職共済年金額は、総報酬（収入）月額相当額と年金月額の合計額を求め、下の計算式にあてはめて求めます。

<table>
<tr><td rowspan="5">同一共済の場合（国家公務員と地方公務員は同一の共済になる）</td><td colspan="3">①と②の合計額が28万円以下</td><td>計算式1</td><td rowspan="7">①総報酬（収入）月額相当額＝その月の標準報酬月額＋その月以前の1年間の標準賞与額の合計額÷12カ月
②年金月額＝特別支給の退職共済年金額（加給年金、職域年金を除く）÷12カ月
③年金月額＝退職共済年金額（加給年金、職域年金、経過的加算を除く）÷12カ月</td></tr>
<tr><td rowspan="4">①と②の合計額が28万円超</td><td rowspan="2">②が28万円以下</td><td>①が47万円以下</td><td>計算式2</td></tr>
<tr><td>①が47万円超</td><td>計算式3</td></tr>
<tr><td rowspan="2">②が28万円超</td><td>①が47万円以下</td><td>計算式4</td></tr>
<tr><td>①が47万円超</td><td>計算式5</td></tr>
<tr><td rowspan="2">他の共済または厚生年金に加入した場合（60歳～69歳）</td><td colspan="2">①と②または③の合計額が47万円以下</td><td>全額支給（支給停止なし）</td><td>－</td></tr>
<tr><td colspan="2">①と②または③の合計額が47万円超</td><td>－</td><td>計算式6</td></tr>
</table>

●下記で計算された金額の12倍が年金額になります。

計算式1	全額受給できます
計算式2	年金月額－（総報酬（収入）月額相当額＋年金月額－28万円）×1/2
計算式3	年金月額－（47万円＋年金月額－28万円）×1/2－（総報酬（収入）月額相当額－47万円）
計算式4	年金月額－総報酬（収入）月額相当額×1/2
計算式5	年金月額－47万円×1/2－（総報酬（収入）月額相当額－47万円）
計算式6	上記②または③の年金月額－（総報酬（収入）月額相当額＋上記②または③の年金月額－47万円）×1/2

職域年金は、同一共済の場合は支給停止となるが、他の共済または厚生年金に加入した場合は全額支給される。

統合前の在職退職共済年金②

厚生年金統合でお得になることもある!

◉六五歳以上が有利になる

114頁でも触れましたが、退職共済年金には職域加算があるので、給付額が厚生年金より有利です。統合後もカバーされますので、優位性に変わりはありません。

ただ、統合前の共済年金では、退職後に再任用等で同一の共済組合にとどまった場合の在職退職年金の受給額が、総報酬月額と年金月額の金額次第で停止となるケースも少なくありませんでした(116頁参照)。

しかし、統合後は厚生年金に移行するため、六五歳未満と六五歳以上の計算式が分けられて、六五歳以上の計算式は厚生年金の六五歳以上の計算式になり、二八万円が四七万円になります。その結果、停止額が少なくなり、全額受給もかなり増えました。

一元化前と一元化後の在職共済年金の支給停止

共済年金受給者		一元化前	一元化後(統合後)
厚生年金に加入	65歳未満	47万円	28万円
	65歳以上	47万円	47万円
共済年金に加入	65歳未満	28万円	
	65歳以上		

※統合後、アミの部分が得になる。

統合前の共済年金のもらい方①

受給開始年齢になったら受給しよう！

◉六五歳未満の受給でも減額されない

共済年金は厚生年金に比べて保険料が低い上、退職給付額は有利でお得だと説明しましたが、一方で不利な点もあります。

共済年金も受給開始年齢が引き上げられていますが、厚生年金と違って男女別に分けていません。女性は男性と同じで、統合後も変わりありません。たとえば、昭和三三年五月三日生まれの女性は、厚生年金は六一歳から受給できますが、共済年金では六三歳からになってしまいます。次頁を参照してください。

共済年金も特別支給の年金は、受給開始年齢から受けても繰上げではないので、減額はありません。国民年金と勘違いして六五歳以上になってから受給手続きを行うということがないよう、共済年金の女性は男性の受給開始年齢になったら受給しましょう。

また、時効は五年で、後から気づいて請求しても、五年経過した年金は受給できないので注意しましょう。ちなみに、共済組合等の加入期間がある方についても、年金事務所等に年金請求書を提出することで、年金を請求することが可能です。

統合前の共済年金のもらい方②

受給開始年齢引上げをチェックしよう

◉昭和三六年四月二日以降生まれは六五歳から

これまでの説明をおさらいします。共済年金は国家共済・地方共済・私学共済の三つの組織に分かれていますが、厚生年金と同様に受給開始年齢が引き上がっており、受給開始年齢は次頁のようになっています。前頁でも解説しましたが、これらの年齢になったら必ず手続きして受給しましょう。

昭和三六年四月二日以降の生まれの方は六五歳からの受給になりますが、それ以前の方は生年月日に応じて受給できます。六五歳未満は、報酬比例部分と共済年金独自の職域年金も受給できますので、厚生年金に比べて有利なことはすでに説明した通りです。

六五歳未満の特別支給の年金は、繰上げ支給ではないので、減額はありません。ただし、在職して同一の共済年金や民間会社に再雇用されると、年金額の調整があります。これは繰上げではなく、在職老齢年金による調整です。また、年金額の計算式で六五歳からもらえる定額部分は国民年金に変わりますので、繰上げを行うこともできます。なお、平成二七年一〇月からの厚生年金統合以降は、厚生年金のところを見てください。

支給開始年齢は63歳以降へ引上げ

生年月日（男女とも）	支給開始年齢
昭和28年4月2日～昭和30年4月1日	61歳
昭和30年4月2日～昭和32年4月1日	62歳
昭和32年4月2日～昭和34年4月1日	63歳
昭和34年4月2日～昭和36年4月1日	64歳
昭和36年4月2日以降	65歳

※平成27年10月1日に厚生年金に統合されても男女の支給開始年齢は以前のままです。

昭和32年4月2日～昭和34年4月1日生まれのケース

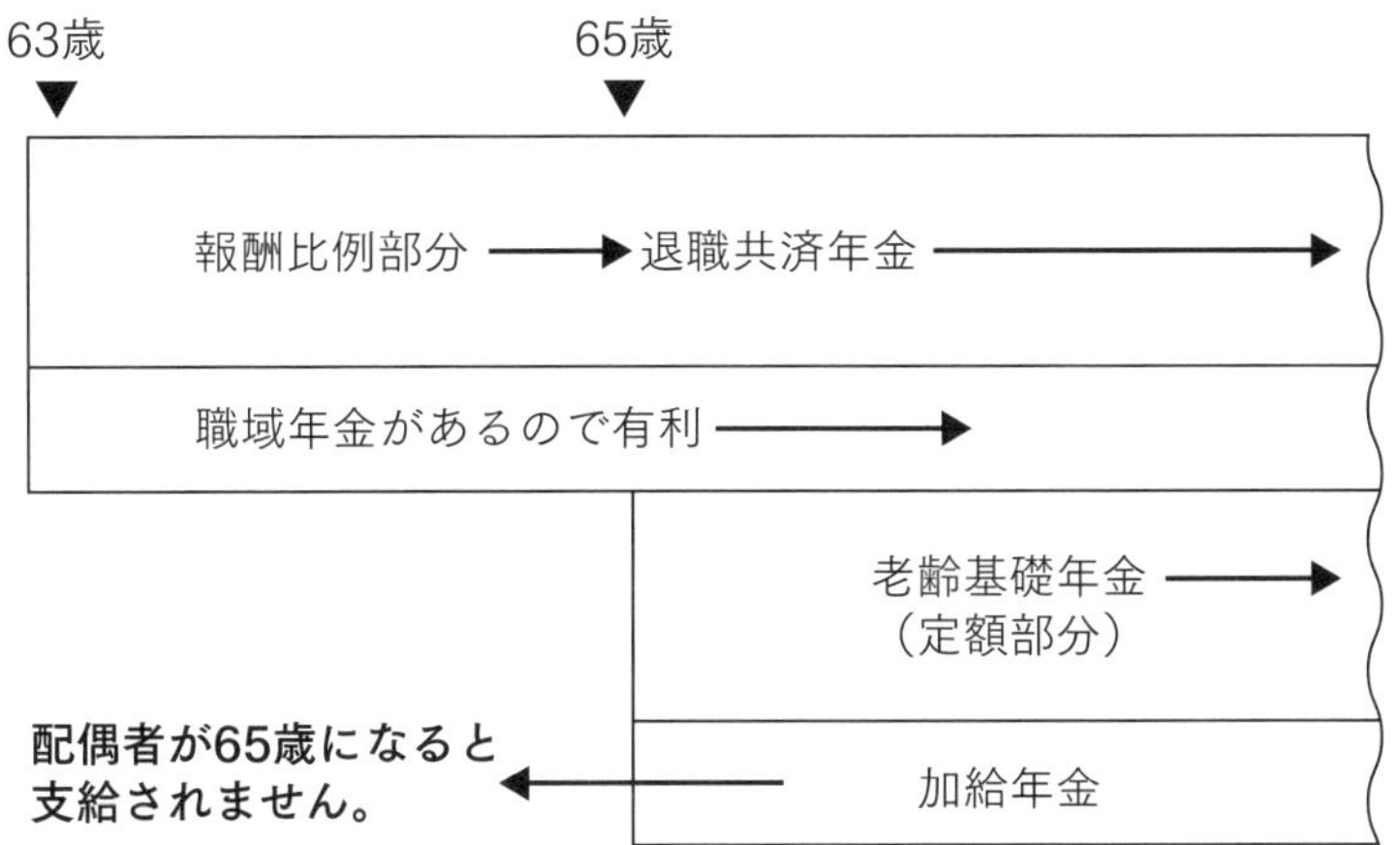

※平成27年10月1日に厚生年金に統合。平成27年10月1日以降は職域部分がありませんが、新しい法律によってカバーされます（124頁参照）。

統合でこう変わった①

目的は給付の差異を失くすことだが……

◉本質部分は変わらない

共済年金の厚生年金への統合は、公的年金一元化を展望して共済年金と厚生年金の差異をなくすことがねらいです。具体的には、①厚生年金に公務員と私学教職員も加入し、二階部分の年金を統一、②公務員等の保険料率を引き上げて厚生年金の保険料率（上限一八・三％）に統一、③三階部分の職域部分をなくし、厚生年金と同一給付にする、④遺族年金の転給など、制度的な差異は基本的に厚生年金にそろえる、としています。

差異の解消については、左の表をご覧ください。細かい数項目は確かになくなって、共済年金加入者が不利益を被ることもあります。ただ、本質的な部分では、以前と急に変わるわけではありません。受給額は厚生年金より二割以上高いままです。公務員等の保険料率が厚生年金被保険者と同じになりましたが、私学教職員は令和九年からです。職域年金部分は廃止になりますが、退職給付の一部として「年金払い退職給付」をゼロから保険料を積み立てて設けることになっています。

厚生年金への統合後の内容

従前	平成27年10月以降
（1）障害給付の支給要件	
国民年金の期間があった場合に保険料納付要件なし	国民年金の期間があった場合に保険料の納付要件あり
（2）遺族年金の転給制度	
先順位者が失権した場合、次順位者に支給される	先順位者が失権しても、次順位以下の者には支給されない
（3）障害年金の在職支給停止	
一部または全部支給停止	支給停止なし
（4）被保険者の年齢制限	
年齢制限なし	70歳になるまで
（5）未支給年金の給付範囲	
遺族（死亡した者によって生計を維持していた配偶者、子、父母、孫、祖父母）、または遺族がないときは相続人	死亡した者と生計を同じくしていた配偶者、子、父母、孫、祖父母、兄弟姉妹または甥姪などの3親等
（6）厚生年金保険料率に統一	
平成30年に国家、地方が同一に 令和9年に私学共済が同一に	厚生年金保険料18.3％へ（平成29年にこの保険料に）
（7）統合前と統合後の在職共済年金の支給停止	
116頁を参照	

統合でこう変わった②

平成二七年一〇月一日の前後が分かれ道!?

◉激変することはない

このように、共済年金は平成二七年一〇月一日から厚生年金に統合されましたが、九月三〇日までの共済年金受給者は、従前保障の共済のままの年金が支給され、年金額も従来の制度に基づいて計算されます。一〇月一日以降に退職した方は、厚生年金ということになります。平成二七年一〇月一日以降に公務員等になられた方は、当然のことながら厚生年金です。

統合によって得することと不利になることが出てきますが、どちらかといえば不利になると心配している方が少なくないのではないでしょうか。しかし、厚生年金になっても従来の年金額も支払い元も共済組合になっており、激変することはありません。

平成27年10月から厚生年金に統合

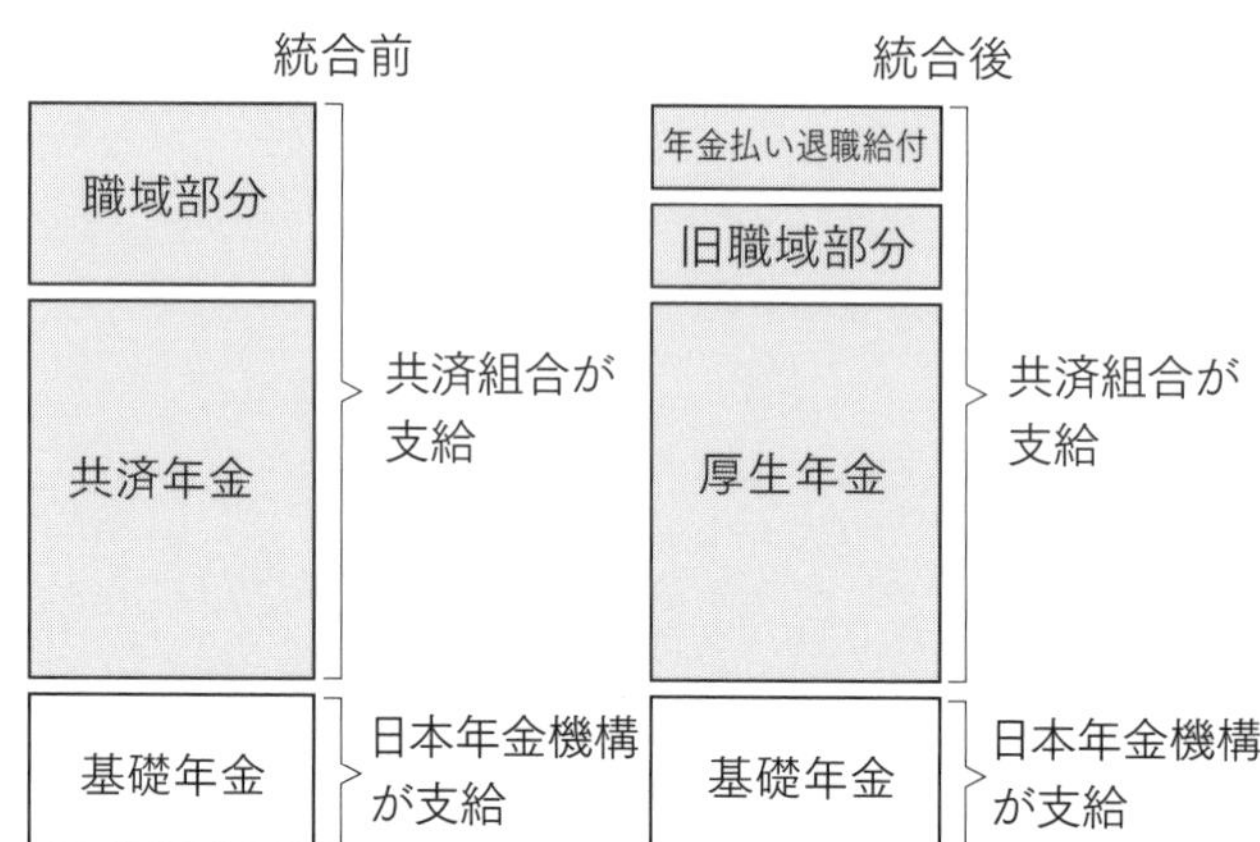

第4章

遺族年金の仕組みと得するもらい方

公的年金の遺族年金

生計維持の関係にある妻子等に支給

◉掛け捨てになる恐れも

公的年金にはそれぞれ遺族年金がありますが、遺族共済年金は平成二七年一〇月一日の統合によって遺族厚生年金となりました(平成二七年九月までの遺族共済受給者は変更なし)。それぞれ制度の違いで受給条件が異なっているので注意が必要です。その条件の中で、共通していることは、生計維持の関係にある妻や子どもなどがいることです。つまり公的年金に長期間加入していても、独身者や生計維持の関係にある妻子等がいない場合は給付されず、その間の保険料は掛け捨てということになってしまいます。

二番目の条件は、その生計維持関係にある妻子等が年収(所得税法上の収入)八五〇万円未満であることです。そして三番目の条件は、国民年金や厚生年金(第一号〜第四号)の遺族給付を受ける場合、国民年金の納付要件、すなわち国民年金納付期間にどのくらい納付していたかが問われることです。厚生年金に加入していても、以前に国民年金の期間があり、一定の国民年金保険料納付期間がないと請求できないので、注意が必要です。特に、以前の共済年金の方にはこの規定がありませんでしたので、注意してください。

国民年金・厚生年金の遺族年金を受けるには

条件		要件	確認
年金法上の子がいること	国民年金の方	①国民年金の被保険者が死亡したとき ②国民年金の被保険者資格を失った後でも60歳以上65歳未満で日本国内に住んでいる人が死亡したとき ③老齢基礎年金の受給権者が死亡したとき ④老齢基礎年金の受給資格期間を満たした人が死亡したとき	①～④の条件に1つでも該当する項目がありますか ↓はい 子（18歳到達年度の末日または20歳未満の障害1級・2級の状態）、または子がいる配偶者などで、その死亡した人に生計を維持されており、年収が850万円未満ですか ↓はい ①または②に該当した場合は下記の国民年金の納付要件のA～Bのいずれかに該当しますか
配偶者・子等がいること	厚生年金（第1号～第4号）の方	①厚生年金（第1号～第4号）の被保険者が死亡したとき ②厚生年金（第1号～第4号）の被保険者期間中に初診日のある傷病で初診日から5年以内に死亡したとき ③1級または2級の障害厚生年金の受給権者が死亡したとき ④※3級の障害厚生年金の受給権者が3級の同一病名で死亡したとき ⑤老齢厚生年金の受給権者または老齢厚生年金の受給資格期間を満たした人が死亡したとき	①～⑤の条件に1つでも該当する項目がありますか ↓はい 死亡した人に生計を維持されていた配偶者などで、年収が850万円未満ですか ↓はい ①または②に該当した場合で国民年金の納付期間がある場合は下記のA～Bのいずれかに該当しますか

※④は法文にありません。実務上の要件になります。

納付要件等	
	A　死亡日の前日において国民年金保険料納付済期間（4分の1免除・半額免除・4分の3免除・全額免除期間等も含む）が死亡日の属する月の前々月までの保険料を納付しなければならない期間の3分の2以上あること B　死亡日の属する月の前々月までの前1年間に国民年金の保険料を納付しなければならない期間に保険料の滞納がない（死亡日が令和8年4月1日前で65歳前に限ります）

※国民年金の③④、厚生年金の⑤の受給権者および受給資格期間を満たした人とは下記の人です。

- 平成29年7月までに受給権者であった人、または受給資格期間を満たした人
- 保険料納付、免除、カラ期間等で25年以上ある人

遺族年金の年金額は

●国民年金（遺族基礎年金）の額は

・子がある配偶者が受ける場合

780,900円（月額**65,075円**）＋子の加算額

・子が受ける場合

780,900円（月額**65,075円**）＋2人目以降の子の加算額

・子の加算額（子は18歳到達年度の末日または20歳未満の1級・2級障害者）（年金法上の子）

1人目・2人目の子（1人につき）　**224,700円**（一律）

3人目以降の子（1人につき）　**74,900円**

あなたの年金額

〔子がある配偶者が受ける場合〕

780,900円 ＋ 第1子 224,700円　第2子 224,700円　第3子 74,900円 ＝ □

あなたの年金

〔子が受ける場合〕

第1子 780,900円 ＋ 第2子 224,700円　第3子 74,900円　第4子 74,900円 ＝ □

●厚生年金（遺族厚生年金）の額は（子は18歳到達年度の末日または20歳未満の障害者）

新乗率(5%適正化)で平成15年3月までと平成15年4月以降の合計額が報酬比例の額

・子のある妻が受ける場合

報酬比例の年金額×$\frac{3}{4}$

・子が受ける場合

報酬比例の年金額×$\frac{3}{4}$

（このほかに遺族基礎年金が支給される）

中高齢寡婦加算は上記の遺族基礎年金を受給しているときは支給されず、遺族基礎年金を失権すると支給される。

・子のない40歳以上の妻が受ける場合

報酬比例の年金額×$\frac{3}{4}$ ＋※中高齢寡婦加算（年額585,700円）

夫が亡くなったとき妻が40歳以上65歳未満で、妻が40歳以上65歳に達するまで支給される。中高齢寡婦加算が受けられる妻が65歳になると、経過的寡婦加算に変更になる。

・その他の人が受ける場合

報酬比例の年金額×$\frac{3}{4}$

※厚生年金第1号被保険者から第4号被保険者として20年以上加入の方か、加入中の方が亡くなった場合

※報酬比例の平均標準報酬（月）額は令和3年度の再評価率表を用いて算出する。

遺族厚生年金

生計維持関係にあった遺族に支給

遺族厚生年金は、被保険者や老齢厚生年金受給権者等が亡くなった時、生計維持関係にあった年収八五〇万円未満の遺族に支給されます。年金受給順位は、①配偶者・子、②父母、③孫、④祖父母です。

◉中高齢寡婦加算を上乗せ

夫が亡くなったとき妻が四〇歳以上六五歳未満の場合、中高齢寡婦加算が遺族厚生年金に上乗せされます。その支給は六五歳になるとストップし、昭和三一年四月一日以前生まれの方には経過的寡婦加算がつきます。生年月日によってその額が異なり、昭和三一年四月二日以降生まれの方には支給されません。

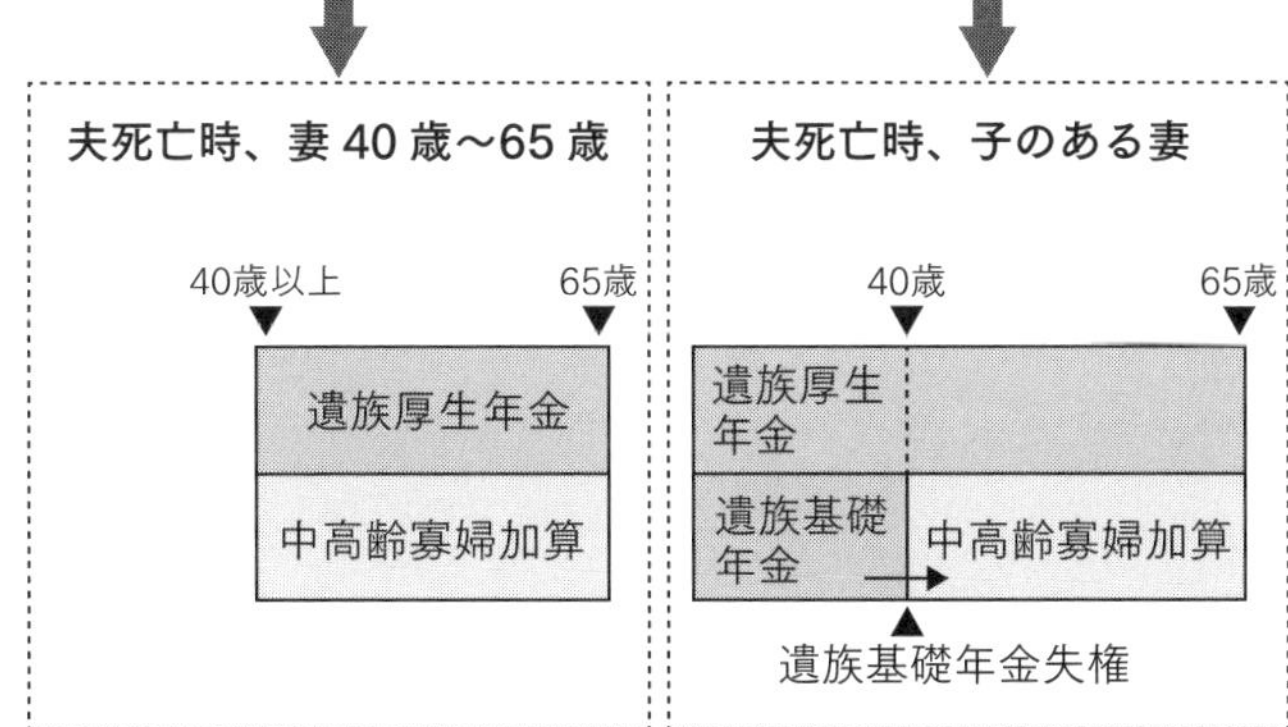

遺族年金と労災保険の遺族年金が受給できる

◉労災年金は調整される

労働者災害補償保険（労災保険）では、業務上や通勤によって死亡した場合、遺族は遺族（補償）年金が受給できます。遺族（妻子等）は遺族基礎年金や遺族厚生年金を全額受給できる上、労災保険の遺族（補償）年金も受給できますが、労災年金は調整されるために全額を受け取ることはできません。

それは、両制度から年金を受け取ると、受け取る年金の合計額が被災前に支給されていた賃金より高額になってしまうからです。

遺族（補償）年金は、Ⓐ遺族基礎・遺族厚生年金を受給する場合は八〇％、Ⓑ遺族基礎年金受給の場合は八八％、Ⓒ遺族厚生年金受給の場合は八四％に減額されます。

労災保険の調整率

併給される他の社会保険給付 ＼ 調整される労災保険給付	遺族（補償）年金
Ⓐ　遺族基礎・遺族厚生年金	0.80
Ⓑ　遺族基礎年金	0.88
Ⓒ　遺族厚生年金	0.84

※上記の（補償）は業務上のみで、通勤災害の補償はない。
補償とは、一般的には慰謝料等をいう。

事実婚の遺族年金

事実婚の妻でも遺族年金が受給できる！

◉社会保険労務士に相談しよう

生計維持関係にある妻や子などがいて、その生計維持関係にある妻子等が年収（所得税法上の収入）八五〇万円未満であることなどが遺族年金受給の必要条件であることは、すでに説明した通りです。

それでは、事実婚（内縁）の妻の場合は遺族年金は受給できないのでしょうか。たとえば、入籍していない場合や、本妻はいるものの愛人と同棲し、本妻とは法律婚が形骸化している場合は遺族年金はどうなるのでしょうか。

事実婚（内縁）の妻の場合でも遺族年金が受けられる場合があります。私は四二年間公的年金の業務を行ってきましたが、事実婚（内縁）の妻であった方からの相談を受けることも少なくなく、三〇件以上の受給をお手伝いしました。

もちろん、入籍した法律上の妻のほうが強いのですが、単に籍が入っているだけで生計維持の関係になければ、受給の要件は満たせません。本妻がいる事実婚（内縁）の妻であったとしても、あきらめずに専門家の年金に詳しい社会保険労務士に相談しましょう。

遺族厚生年金の支給額

遺族厚生年金は二五年とみなして計算

◉年金加入期間が短くても安心

厚生年金の加入者が在職中に死亡した場合の遺族年金の支給額は、被保険者期間が三〇〇月（二五年）未満であっても三〇〇月とみなして計算されます。

たとえば、短大を卒業して二〇歳で会社員になり、すぐに結婚し、交通事故で亡くなった場合、厚生年金被保険者期間が二カ月くらいであったとしても、遺族年金受給額は三〇〇月とみなして計算されるのです。労災年金が受給できると、さらに受給額は厚くなります。

厚生年金の受給できる遺族給付を整理すると、下表のようになります。厚生年金が二〇年以上ある場合と年金法の子がいる場合などは、中高齢の寡婦加算や経過的寡婦加算がもらえます。

受給できる遺族給付の種類

	ケース	子のいる妻が受給	子が受給	子のない妻が受給
受給できる給付	厚生年金	遺族厚生年金	遺族厚生年金	遺族厚生年金
		中高齢の寡婦加算(※1)	—	中高齢の寡婦加算(※2)

※1　遺族基礎年金が支給されなくなったときに40歳以上65歳未満の間に支給

※2　子のない40歳以上の妻がいる場合、厚生年金に20年以上加入の方、加入中の方が亡くなった場合

父子家庭の遺族基礎年金

父子家庭でも受給が可能になった！

◉年金法上の子は高校三年生まで

夫婦とも国民年金で、妻が亡くなった場合、これまでは父子は遺族基礎年金が受給できませんでした。しかし、父子家庭でも年金法上の子（一八歳到達年度末までの子等）がいれば受給が可能になり、遺族基礎年金を受け取れる遺族の範囲が拡大されました。

遺族厚生年金を受けられる遺族で、夫と父母、祖父母の場合は、五五歳以上の人に限られ、六〇歳になるまでは支給停止されます。妻についても、夫の死亡時に三〇歳未満で子が無い場合の遺族厚生年金は五年間の有期給付となります。残された遺族が安心して暮らしていけるための遺族年金制度ですので、年齢制限の撤廃等のさらなる拡充が望まれています。

もっと得するため（平等）の懸案事項

- 年金の種類で甲乙をつけるべきではない。
- 父子年金でも特に国民年金には子がいないといけない。高校を卒業して失権すると、経済的な理由で中退とか大学に行けなくなる人が多い。
- 厚生年金の妻が亡くなると、夫には年齢制限があるが、子の教育、両親の介護などを考えて年齢制限をなくすべきである。

遺族年金の受給

制度の違いで受給に有利・不利がある

遺族年金には、国民年金や厚生年金など制度の違いで有利・不利があります。家庭の稼ぎ頭が死亡した場合、残された遺族の生活を考えれば、制度間で有利・不利があるのは平等の観点から望ましいことではありません。しかし、その現実はしっかり認識しておきましょう。

◉一八歳到達年度の末日まで

国民年金では年金法上の子がいないと遺族基礎年金が受給できないことは、すでに説明した通りです。年金法上の子とは、高校三年生までの子どもです。これは正確にいうと、一八歳到達年度の末日までの子どもです。高校を卒業した新年度の開始と同時に年金は失権しますので、制度上のこととはいえ、認識しておく必要があるでしょう。

遺族年金が支給される順位

①配偶者（妻・夫）、子

・夫は55歳以上（遺族厚生年金の場合）
遺族基礎年金については年齢制限なし

・18歳到達年度末までの子、20歳未満で1級・2級の障害がある子

②55歳以上の父母（遺族厚生年金のみ）

第5章

障害年金の仕組みと得するもらい方

年金加入中の疾病等で障害が残れば受給できる

◉国民年金の納付が要件、厚生年金は初診日に制度加入

障害年金は、疾病やケガで障害が残った場合に給付される年金です。国民年金・厚生年金の加入者は、老齢年金受給開始年齢より前でも、傷病等により障害認定されれば障害年金を受け取ることができます。

障害年金受給には、各公的年金によって条件がありますが、共通する第一の条件は、被保険者の期間中に疾病等の初診日があることです。加入期間の長短や生計を維持している妻子等がいることは要件ではなく、独身者でも受給できます。二番目の条件は、原則として六五歳前に障害を認定され、障害等級表に合致したものでなければならないことです。三番目の条件は、国民年金の納付要件を満たしていること。正確には、初診日前に国民年金保険料を納付しなければならない期間のうち、三分の二以上の期間の保険料納付（免除期間を含む）がある、または初診日に六五歳未満であれば、初診日の属する月の前々月までの一年間の保険料を納付しなければならない期間に、保険料の滞納がないことです。国民年金未納付のために障害年金が受けられないこともあるので注意しましょう。

国民年金・厚生年金の障害年金を受けるには

国民年金の方		
	①国民年金の被保険者（第1号・第3号）期間中などに初診日があるとき	➡ ①～④の条件に1つでも該当になる項目がありますか ↓該当するとき 国民年金の納付要件等下記のⒶ～Ⓒのいずれか1つに該当しますか（③は除く）
	②国民年金の被保険者資格を失った後でも60歳以上65歳未満で日本国内に住んでいる間に初診日があるとき	
	③ 20歳未満に初診日があるとき	
	④厚生年金（第1号～第4号）の被保険者期間中に初診日があるとき	➡ 障害認定1級か2級に該当すると障害基礎年金が支給されます

納付要件等	
	Ⓐ　初診日の前日において国民年金保険料納付済期間（4分の1免除・半額免除・4分の3免除・全額免除期間等も含む）が初診日の属する月の前々月までの保険料を納付しなければならない期間の3分の2以上あること
	Ⓑ　初診日の属する月の前々月までの前1年間に国民年金の保険料を納付しなければならない期間に保険料の滞納がない（初診日が令和８年4月1日前で65歳前に限ります）
	Ⓒ　初診日が20歳未満のときは、一定の所得以下にあること

厚生年金の方	厚生年金の被保険者期間中に初診日があるとき	➡	国民年金の納付期間などがあるとき上記Ⓐ～Ⓑのいずれかの1つに該当しますか

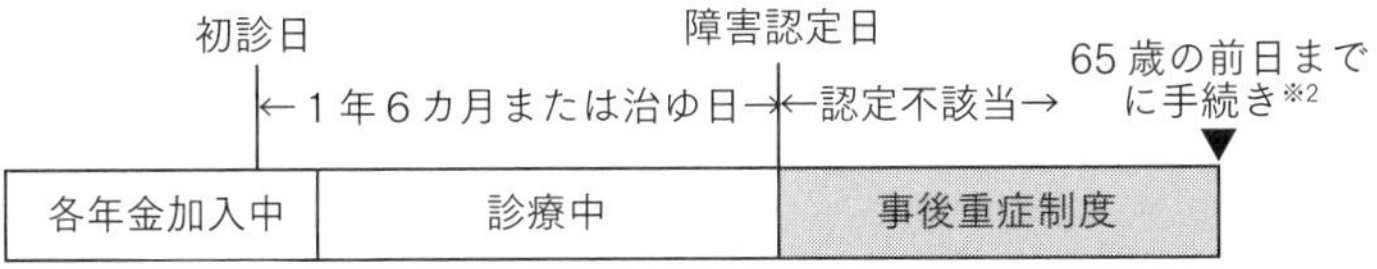

初診日　障害認定日　65歳の前日までに手続き※2

←1年6カ月または治ゆ日→←認定不該当→

各年金加入中	診療中	事後重症制度

※1　障害認定日または事後重症制度で認定され、それぞれの各年金制度の障害等級に該当すれば受給できます。

※2　正確には65歳の前々日までに初診日があり、その後障害等級に該当すればいいのです。

障害年金の年金額は

●国民年金（障害基礎年金）の額は

・1級障害の場合

976,125 円（月額 **81,343 円**）＋子の加算額

・2級障害の場合

780,900 円（月額 **65,075 円**）＋子の加算額

・子の加算額（子は 18 歳到達年度の末日または 20 歳未満の1級・2級障害者）

（年金法上の子）

1人目・2人目の子（1人につき）　**224,700 円**（一律）

3人目以降の子（1人につき）　**74,900 円**

あなたの年金額

〔1級該当者〕

（注）令和 3 年度の特別障害給付金は1級が 629,400 円（月額 52,450 円）、2級が 503,520 円（月額 41,960 円）。

●厚生年金（障害厚生年金）の額は

5％適正化（新乗率）で計算し、平均標準報酬（月）額は令和 3 年度再評価率表を用いて算出（加入月数が 300 月未満の場合 300 月で計算）。厚生年金に加入中の方で 65 歳以上の（第2号被保険者以外）方が1級・2級の障害状態になったとき年金額が年間 585,700 円にならないときは、この年金額が支給される。

・1級障害の場合
　報酬比例の年金額× 1.25 ＋配偶者加給年金額
・2級障害の場合
　報酬比例の年金額＋配偶者加給年金額

（1級・2級）この他に障害基礎年金支給

・3級障害の場合
　報酬比例の年金額　[最低保障額は 585,700 円]
・障害手当金の場合（一時金）
　報酬比例の年金額×２　[最低保障額は 1,171,400 円]

障害年金と労災年金

労災なら障害年金と併給が可能になる

◉二級以上ならトリプル受給も

労働者災害補償保険（労災保険）の障害（補償）年金は、業務中や通勤時の負傷により障害が残った場合に、本人に保険給付を行う制度です。

厚生年金保険の被保険者は、同時に国民年金にも加入する二重加入ですから、障害厚生年金と障害基礎年金（障害が一級・二級の場合）、そして障害が労災によるものなら、この障害（補償）年金も受け取れます。

給付が受けられる障害の等級は各年金で異なり、身体障害者手帳の等級とは違いますので注意してください。

併給の場合、国民年金・厚生年金からの給付は全額支給され、労災の年金分は調整で減額されます。その減額率が下表となります。

労災保険の調整率

調整される労災保険給付／併給される他の社会保険給付	障害（補償）年金
Ⓐ　障害基礎・障害厚生年金	0.73
Ⓑ　障害基礎年金	0.88
Ⓒ　障害厚生年金	0.83

※上記の（補償）は業務上のみで、通勤災害の補償はない。
補償とは、一般的には慰謝料等をいう。

障害厚生年金の配偶者加給年金

事実婚の妻でも加給年金が受給できる

◉本妻のいる内縁関係は要相談

障害厚生年金は、一級・二級に該当する場合、生計を維持する年収八五〇万円未満の配偶者がいれば、配偶者が六五歳になるまで配偶者加給年金が付きます。

入籍していないと受給できないと思っている方もいますが、婚姻の届出をしていない事実婚（内縁）の関係にある方も対象となります。

また、本妻がいても、実際は事実婚（内縁）の方と暮らしている方もいます。将来的に本人が亡くなられた時、事実婚（内縁）の方でも配偶者加給年金に該当していれば、遺族年金を受給できることになります。ただし、事実婚の証明には複数の条件がありますから、事実婚（内縁）の方の場合は、専門家に相談したほうが賢明です。

受給できる給付の種類

	障害の程度	1・2級	3級	1・2・3級以外
受給できる給付	厚生年金	障害厚生年金	障害厚生年金	障害手当金
		配偶者加給年金		
	国民年金	障害基礎年金		
		子に対する加算額		

※配偶者加給年金は、老齢年金の場合は加算が付くが、障害年金には加算はない（224,700円）

障害年金の時効

五年前まで請求できるが時効に注意！

◉初診日・診断書・障害認定日が重要

障害等級の目安は次頁の表の通りです。国民年金の場合は一級・二級のみが受給対象です。この障害等級に該当しても、障害年金がもらえない場合があるので注意しましょう。

基本的に、年金の時効は五年です。請求を忘れていても、現在から障害認定日までさかのぼって五年以内の分は受給できますが、五年より前の分は受給権が消滅します。

障害認定日に障害等級に該当する程度の障害状態になかった方が、六五歳に達するまでにその障害が悪化し、障害等級に該当した場合、本人の請求により障害年金が請求した翌月分から支給されます。これを事後重症制度といい、早めの請求が大切です。

初診日の診断書の入手も重要です。たとえば初診日が七年前で、障害になって現在も通院中なら心配ありませんが、七年前に足を切断して治療を終えたような場合、カルテは法定保存期間が五年間のため、請求に必要な診断書が入手できない場合があるからです。

また、平成二六年から、障害年金の受給が始まった後に、障害の程度が増進した場合は、一年を待たずに改定請求ができるようになりました。

国民年金の納付要件

一部・全額免除で納付済期間になる！

◉未納・年齢・診断書に注意

障害年金は、厚生年金も国民年金も納付要件がありま す。未納が多いと、障害等級に該当しても受給できないので注意してください。国民年金保険料は、免除（一部・全額）なら未納にはなりませんので、経済的理由で払えないときは免除申請も考えましょう。

障害基礎年金は、初診日が六五歳の誕生日の二日前まででないと受給できません。これは、六五歳以上で厚生年金等に加入している方も同様で、障害等級一級・二級に該当しても障害基礎年金は受給できませんので、注意してください。障害年金申請の際の診断書は、通常の病院の診断書とは異なります。障害の内容により所定の様式がありますので、年金事務所で相談してください。

障害の目安

障害の等級	障害の目安
障害等級1級	日常生活にも他人の介護を必要とする重度のもの
障害等級2級	必ずしも他人の介護を必要としないが、日常生活が困難で、就労することができない
障害等級3級	就労するには著しい困難があり、仕事の内容に制約がある　（厚生年金のみ）
障害手当金の対象となる障害	3級に比べて障害の程度は軽いが、生活に制約がある　（厚生年金のみ）

おわりに

年金は、リタイア後の私たちの豊かな生活を支えるために存在する制度です。にもかかわらず、極めて複雑で、わかりづらいものになっています。そのため、若い世代の関心は薄く、たいした金額はもらえないと期待していない人も少なくありません。それは、若い世代や国民にとって、また国にとっても不幸なことではないでしょうか。

私は年金のコンサルタントを四三年の長きにわたって務め、その間、さまざまな相談を受けるとともに、セミナーなどを開催し、年金を受給する際の有利な方法や注意点などを広く伝えてきました。そのエッセンスを余すところなく盛り込んだのが本書です。しかもシンプルに、一項目「10分でわかる」ように編集しています。それまで知らなかった、得するもらい方が網羅されていますので、必ず該当する項目があるはずです。まずは年金を知り、得する方法があることがわかれば、年金の見方は変わってくるでしょう。年金への関心をもっと高め、本書で得た知識と情報を大いに活用して、豊かな老後生活、あるいは老後への備えをしていただければと思います。

田中章二

田中章二（たなか・しょうじ）
社会保険関係の対策を真剣にとらえ、有利な活用を学んでほしいと、セミナーやテレビ・ラジオ・執筆などで活躍。特に年金関係では40年以上のコンサルタント実績を誇る年金評論家。1948年東京生まれ。ユーモアを交えながらのトークは、各地で好評を得ている。著書も多数執筆。著書に『10分でわかる社会保険料が安くなる方法』（小社刊）、『年金のすべてが面白いほどわかる本』（中経出版刊）などがある。

本書は、2015年4月21日に小社より発行された『10分でわかる得する年金のもらい方』を改訂し新版化したものです。

第4版
10分でわかる得する年金のもらい方

2015年 4 月21日 第1版第1刷発行
2018年 4 月13日 第3版第1刷発行
2018年 8 月15日 第3刷発行
2021年 4 月22日 第4版第1刷発行

著　者　　田中　章二

発行所　　WAVE出版
〒102-0074　東京都千代田区九段南3-9-12
TEL 03-3261-3713　FAX 03-3261-3823
振替 00100-7-366376
E-mail: info@wave-publishers.co.jp
http://www.wave-publishers.co.jp

印刷・製本　ワイズ

ISBN978-4-86621-338-5
NDC591 143p 21cm